그림으로 보는

우리 문화유산

⊙ **사진 제공**
국가유산청(www.khs.go.kr)
14쪽–석굴암, 15쪽–불국사, 18쪽–첨성대, 19쪽–분황사 모전석탑, 23쪽–공산성, 24쪽–무령왕릉 석수, 25쪽–백제 금동 대향로, 26쪽–관북리 유적, 27쪽–정림사지 오층 석탑, 33쪽–가야 고분군, 34쪽–김해 대성동 고분군, 44쪽–석가탑, 45쪽–다보탑, 47쪽–석굴암 본존불, 52쪽–해인사 장경판전, 62쪽–강학당, 64쪽–응도당, 84쪽–창덕궁 인정전, 85쪽–낙선재, 86쪽–부용정, 93쪽–북수문, 93쪽–동북각루, 96쪽–남한산성 행궁, 103쪽–융릉, 108쪽–조선왕조실록, 118쪽–훈민정음, 120~121쪽–훈민정음, 122쪽–동의보감, 127쪽–하회 마을, 128쪽–양진당, 128쪽–충효당, 129쪽–무첨당, 129쪽–관가정, 140쪽–한옥, 141쪽–서까래, 160쪽–고인돌, 166쪽–당처물 동굴, 167쪽–거문오름 용암 동굴계, 167쪽–김녕굴, 167쪽–만장굴

CC BY-SA
43쪽–불국사(Arian Zwegers, https://commons.wikimedia.org/w/index.php?curid=24488458), 152쪽–배추김치(gwangju kimchi, https://commons.wikimedia.org/w/index.php?curid=87839206), 153쪽–총각김치(장미의 뜰, https://commons.wikimedia.org/w/index.php?curid=54425311), 153쪽–동치미(Korea.net, https://commons.wikimedia.org/w/index.php?curid=31717589), 153쪽–오이소박이(Katsumi funami, https://commons.wikimedia.org/w/index.php?curid=22459919), 153쪽–깍두기(Katsumi funami, https://commons.wikimedia.org/w/index.php?curid=22459959), 153쪽–열무김치(lazy fri13th, https://commons.wikimedia.org/w/index.php?curid=88387706)

그림으로 보는 우리 문화유산

초판 1쇄 발행 2025년 9월 5일

글 오홍선이 | **그림** 오성봉

발행인 오형석
편집장 이미현 | **편집** 정은혜 | **디자인** 이희승
발행처 (주)계림북스
신고번호 제2012–000204호 | **등록일자** 2000년 5월 22일
주소 서울시 마포구 창전로 74 여촌빌딩 3층
대표전화 (02)7079–900 | **팩스** (02)7079–956
도서문의 (02)7079–913
홈페이지 www.kyelimbook.com

ISBN 978–89–533–3582–0 74900 | 978–89–533–3576–9(세트)

교과서 속
지리와 문화유산

그림으로 보는 우리 문화유산

글 오홍선이 | 그림 오성봉

계림북스
kyelimbooks

들어가는 말

소중히 지켜 온 우리 문화 세계의 사랑을 받다

우리나라의 세계 문화유산에 대해 얼마나 알고 있나요? 석굴암, 불국사, 경복궁 등 유명한 유적지에 대해서는 들어 본 적이 있을 거예요. 조선의 왕들이 머물던 궁궐과 조선 왕들의 무덤, 자연과 어우러진 사찰과 서원 등 전국 곳곳에 문화유산이 가득해요. 고대의 신비를 느낄 수 있는 고인돌 유적, 제주 화산섬과 용암 동굴, 신라 천 년의 수도인 경주의 유적들도 빼놓을 수 없지요.

문화유산에는 기록 유산과 인류 무형 유산도 있어요. 대표적인 기록 유산에는 조선 왕조 500년의 역사가 담겨 있는 〈조선왕조실록〉과 세계 최초의 금속 활자본인 〈직지심체요절〉 등이 있어요.

종묘 제례와 같은 국가 행사나 판소리, 해녀 문화, 김장, 남사당놀이 등도 인류 무형 유산으로 등재되어 있어요. 모두 우리나라에서만 볼 수 있는 독창적인 문화이기 때문이지요.

우리나라는 일제 강점기와 6·25 전쟁을 겪으면서 다소 늦게 우리 문화를 알리는 노력을 시작했어요. 하지만 오늘날에는 한국 문화가 세계인의 주목을 받고 있어요. 우리 고유의 문화를 잘 지키고 보존해 온 덕분이지요. 2025년 7월, 울산에 있는 선사 시대 유적인 '반구천의 암각화'가 세계 문화유산에 등재되었어요. 앞으로 더 많은 한국의 문화유산이 세계에 알려지길 기대해 보아요!

오홍선이

차례

고대의 비밀을 간직한 문화유산

유교와 불교를 따르는 마음

500년을 이어 온 조선의 역사

방방곡곡 꽃피는 백성의 웃음

아름답고 소중한 자연유산

한반도에서 고구려, 백제, 신라 세 나라가 자리를 잡은 시기를 삼국 시대라고 해요. 고구려는 북쪽까지 넓게 영토를 확장하고, 백제는 다른 나라와 활발하게 문화를 교류하고 신라는 아름다운 문화를 꽃피운 시기예요. 낙동강 유역을 중심으로 자리를 잡은 가야도 세력을 키워 가고 있었지요. 신라와 고구려, 백제, 가야가 남긴 찬란한 문화유산에는 어떤 것들이 있는지 알아보아요.

고대의 비밀을 간직한 문화유산

천 년의 역사가 담긴 경주 역사 유적 지구

삼국이 힘겨루기를 하던 한반도

기원전 108년, 우리나라 최초의 국가인 고조선이 멸망하고 고조선 북쪽에는 고구려, 부여, 옥저, 동예 등의 나라가 생겨났어요. 남쪽에는 마한, 진한, 변한이 있었지요. 고구려는 북쪽에서 넓은 영토를 차지하며 나라의 힘을 키워 갔고, 백제는 한강 유역을 중심으로 자리를 잡았어요. 신라는 한반도의 동남쪽에 나라를 세웠고, 신라 아래 낙동강 유역에는 가야가 여섯 개로 나뉘어 있었답니다. 고구려, 백제, 신라가 앞서거니 뒤서거니 힘겨루기를 하며 나라의 틀을 만들어 가고 있었지요.

5세기가 되자 고구려는 광개토 대왕의 활약으로 북쪽의 넓은 땅을 차지했어요. 그 뒤를 이은 장수왕은 남쪽으로 영토를 넓히면서 백제, 신라까지 넘보았어요. 이때 신라는 백제와 힘을 모아 고구려에 대항하기도 했지요.

신라는 6세기, 진흥왕 때 최고의 전성기를 맞이하면서 함경도 지방까지 땅을 넓히고 대가야를 멸망시켰어요. 그런 다음 신라의 영토를 알리기 위해 '진흥왕 순수비'를 세웠답니다.

신라의 전성기(6세기)
고구려
고구려가 최강이지!
황초령비
마운령비
넘어오기만 해 봐라. 가만두지 않겠다!
여기 백제가 있다는 걸 잊지 마라!
북한산비
우산국
신라
창녕비
백제
진흥왕 순수비
탐라

신라가 삼국을 통일했어요

고구려가 북쪽에서 끊임없이 공격하는 수나라와 당나라를 막아 내고 있을 때 신라는 백제의 공격을 받고 있었어요. 신라 제29대 왕이 된 김춘추는 당나라 태종을 찾아가 힘을 빌렸어요. 신라와 당나라는 힘을 모아 백제를 공격해 멸망시키고, 이어서 고구려까지 공격해 무너뜨렸어요. 이렇게 신라가 삼국을 통일하나 싶었지만 당나라는 신라에 관청을 두고 신라를 당나라 관리 아래 두겠다고 나섰어요. 화가 난 신라는 전쟁을 벌여 당나라를 몰아냈지요. 그렇게 676년, 신라는 진정한 삼국 통일을 이루었답니다.

석굴암

통일 신라는 나라를 안정시키고 왕의 힘을 키우기 위해 불교를 적극적으로 받아들였어요. 원효 대사와 의상 대사는 불교를 널리 알리는 역할을 했고 절이나 석탑 등도 많이 지었어요. 석굴암과 불국사도 이때 세워졌지요. 신라는 건국 이후 약 천 년을 이어 갔지만 935년 고려에 항복하면서 멸망했어요. 신라의 수도였던 경주에서는 화려하고 아름다운 신라의 문화를 엿볼 수 있답니다. 경주는 신라 시대의 유물과 유적이 가득해 '지붕 없는 박물관'이라고도 불리지요.

보물 창고로 불리는 남산

신라 시대의 유적들이 남아 있는 경주 역사 유적 지구는 크게 다섯 곳으로 나뉘어요. 경주 남쪽의 남산 지구에는 수많은 불교 문화재가 남아 있는 남산을 비롯해 포석정과 나정이 있어요. 남산 지구 위쪽은 궁궐터인 월성과 계림, 첨성대가 있는 월성 지구예요. 첨성대 북서쪽에 많은 고분군이 남아 있는 곳은 대릉원 지구예요. 북동쪽으로 분황사와 황룡사의 터가 있는 곳은 황룡사 지구이고, 명활산성이 있는 곳은 산성 지구랍니다.

남산 지구는 신라의 시작과 끝을 엿볼 수 있는 곳이에요. 신라를 세운 박혁거세는 '나정'이라고 부르는 우물가에서 발견된 알에서 태어났어요. 그런데 신라의 마지막을 알린 경애왕이 목숨을 잃은 포석정도 남산 지구에 있어요. 경애왕은 포석정에서 연회를 즐기다가 후백제 견훤의 습격으로 목숨을 잃었거든요. 경순왕이 뒤를 이었지만 고려에 항복하면서 신라는 멸망했지요. 남산 지구는 신라의 역사를 살필 수 있고 특히 남산은 바위에 새긴 석불이나 석탑 등 불교 문화재가 셀 수 없이 많아 '불교 문화재의 보물 창고'로도 불려요.

와~
보물 지도다!
경주 역사 유적 지구
산성 지구
명활산성
분황사
황룡사 지구
대릉원 지구
대릉원
나는 신라 김씨 왕조의 시조인 김알지!
첨성대
나는 신라를 세운 박혁거세!
계림
월성 지구
월성
나정
남산 지구
남산
포석정

신라 왕궁이 자리 잡은 월성

월성은 신라 시대 왕궁이 있던 곳으로 월성 지구에는 김씨의 시조인 김알지가 발견된 숲, 계림이 있어요. 황금 궤에서 나온 사내아이여서 '금'의 뜻을 가진 '김(金)씨'라 하고 이름은 '알지'라고 하였는데, 어린아이 또는 지혜를 뜻해요. 월성 지구에는 우리나라 최초로 밤하늘을 관측한 천문대 첨성대가 있어요. 높이는 약 9미터이고 27단으로 쌓아 올렸지요. 첨성대는 남동쪽으로 난 창에 사다리를 걸쳐서 안으로 드나들 수 있었어요.

불교의 힘을 느낄 수 있는 황룡사

진흥왕 때 왕궁을 지으려던 자리에 황룡이 나타나자 그 자리에 절을 세우고 '황룡사'라고 불렀어요. 황룡사에는 거대한 9층 목탑이 있었는데 불교의 힘을 빌려 삼국 통일을 이루겠다는 의지가 담겨 있지요. 황룡사는 고려 때 불에 타 지금은 터만 남아 있어요.

황룡사 지구에는 선덕 여왕 때 세운 분황사도 있었어요. 분황사에 있는 모전석탑은 우리나라에 남아 있는 신라 석탑 중 가장 오래되었는데 모습이 특이해요. 벽돌처럼 네모나게 깎은 돌을 쌓아 만들었거든요.

분황사 모전석탑

도시와 조화를 이룬 대릉원

대릉원 지구는 현대적인 건물 사이로 거대한 능이 불쑥 솟아 있는 곳이에요. 왕과 왕비, 귀족들의 무덤 23기가 모여 있지요. 대표적인 능으로 금관이 발견된 금관총, 두 개의 무덤이 이어져 있는 황남 대총, 미추왕의 무덤인 미추왕릉이 있어요. 그중에서 천마총은 유일하게 무덤 안으로 들어가 내부를 볼 수 있어요. 하늘을 나는 듯한 역동적인 천마가 그려진 천마도가 나와서 '천마총'이라고 부른답니다.

적으로부터 신라를 지키는 산성

신라의 수도인 경주를 중심으로 남산성, 부산성 등 여러 산성이 세워져 있었어요. 그중 경주의 동쪽에 있는 명활산성은 바다 너머에서 건너오는 왜적을 막는 역할을 했어요. 당시에는 주로 흙으로 성을 쌓는 토성이 많았는데, 명활산성은 돌로 짓는 석성과 토성이 합쳐진 산성이에요. 선덕 여왕 때 비담이라는 자가 왕위에 오르려고 명활산성에서 진을 치고 반란을 일으켰지만 김유신 장군이 진압했다는 이야기가 전해요.

백제 문화가 숨 쉬는 백제 역사 유적 지구

여러 번 수도를 옮겼어요

부여 사람 주몽은 소서노와 혼인한 다음 고구려를 세웠어요. 소서노에게는 두 아들이 있었는데, 주몽이 부여에 있을 때 얻은 아들 유리가 찾아와 고구려 왕의 자리를 물려받게 되었어요. 그러자 소서노의 아들 비류와 온조는 고구려를 떠나 인천과 한강 근처에 자리를 잡고 나라를 세웠어요. 온조가 세운 백제는 한강 근처라 땅이 비옥하고 살기 좋아서 인천에 자리를 잡았던 비류의 백성들도 나중에 백제로 옮겨 왔지요.

백제는 초기에 영토를 넓히고 일본에 문화를 전하는 등 힘을 키워 갔어요. 그러다 고구려에 밀려 한강을 내주고 위례성*을 떠나 웅진(지금의 공주)으로 도읍을 옮겨야 했어요. 하지만 백제 성왕은 고구려를 공격하기 위해 웅진에서 사비(지금의 부여)로 도읍을 옮겼어요. 이처럼 위례성, 웅진, 사비로 여러 번 도읍을 옮겼기 때문에 산성, 왕궁터, 왕릉, 불교 건축물에서 각 시기의 모습을 살필 수 있지요.

공주의 공산성은 백제의 문주왕이 도읍을 웅진으로 옮긴 뒤 성왕까지 머문 곳이에요. 북쪽으로는 금강이 흐르고 있고, 땅이 비옥해 농사도 잘되었지요. 공산성은 원래 흙으로 쌓았는데 이후 돌로 고쳐 쌓았어요.

★**위례성** 백제 초기의 도읍지로, 지금의 경기도 하남 근처라는 설과 충청남도 천안 일대라는 등 여러 설이 있어요.

무령왕릉 석수

뛰어난 기술을 뽐내는 백제의 문화

공주 무령왕릉과 왕릉원은 백제의 여러 왕이 잠들어 있는 곳이에요. 그중 무령왕릉은 주인을 알 수 있고, 언제 만들었는지도 정확히 알 수 있는 무덤이에요. 온전한 상태로 발굴되어 금으로 만든 화려한 장신구들이 많이 출토되었지요. 백제는 무령왕 때 중국과 교류하면서 문화가 더욱 발달했어요. 무령왕릉은 벽돌을 아치 모양으로 쌓아 만들었는데 이 같은 아치형 벽돌식 무덤은 중국의 영향을 받은 거예요.

백제를 다시 일으키기 위해 성왕은 도읍을 사비로 옮기고 중국에서 불교문화를 받아들였어요. 그리고 불교문화를 일본에 전해 주기도 했지요. 이 시기에 만들어진 대표적인 유물이 백제 금동 대향로예요. 백제 문화의 꽃이라고도 부르지요. 23개의 산이 겹쳐 있고 각종 악기를 연주하는 악사와 말을 타고 달리는 사람들, 봉황, 용 등이 정교하게 새겨진 백제 금동 대향로는 뛰어난 금속 공예 기술을 보여 주어 국보로 지정되었어요. 이렇듯 백제의 장신구나 기와에서는 섬세한 장식을 관찰할 수 있고 무기나 기구를 만드는 기술도 뛰어났어요.

백제의 유적지는 어떤 모습일까요?

부여에는 관북리 유적과 부소산성, 나성, 정림사지 등이 있어요. 관북리 유적은 백제 왕궁이 있던 터로 백제 궁궐의 구조를 알 수 있는 유적이에요. 부소산성은 백제 왕궁을 보호하기 위해 부소산에 쌓은 성으로 백제의 성곽 쌓는 기술을 엿볼 수 있어요. 나성은 부소산성을 중심으로 수도인 사비를 방어하기 위해 겹으로 쌓은 성이에요. 나성 밖에는 20기 정도의 백제 왕의 무덤들이 있어요. 부여 시가지에 있는 백제 절터인 정림사지에는 국보로 지정된 아름다운 정림사지 오층 석탑이 있어요.

부여의 유적 지도

익산의 왕궁리 유적은 왕궁이 있었던 터예요. 원래 궁궐로 사용하다가 이후에는 절로 사용한 것으로 보여요. 이곳에서 토기, 자기, 유리나 금제품 등 만 점이 넘는 유물이 출토되었어요. 미륵사는 무왕과 왕비가 용화산 아래를 지나던 중 연못가에 나타난 미륵 삼존★을 보고 그 자리에 지었다는 설화가 전하는 절이에요. 백제에서 가장 큰 규모였으나 현재는 터만 남아 있어요.

미륵사지 석탑은 벼락을 맞아 무너졌는데, 일제 강점기에 잘못된 공사로 흉하게 버려져 있다가 복원되어 2019년에 공개되었어요.

★**미륵 삼존** 불교에서 많은 사람을 구할 세 명의 보살을 말해요.

정림사지 오층 석탑

우리 유산 배움터

고구려의 숨결이 느껴지는 북한 고구려 고분군

주몽이 세운 고구려는 광개토 대왕과 장수왕을 거치면서 북쪽으로 넓은 영토를 차지했어요. 지금의 북한과 중국 땅이지요. 고구려 고분군은 북한에서 처음으로 세계 문화유산에 등재된 곳이에요. 고구려 왕족과 귀족들의 무덤으로, 돌로 쌓은 석총과 흙으로 만든 토분으로 나뉘지요. 안악, 강서, 호남리, 덕화리 등지에 있는 63기의 무덤이 2004년 유네스코에 등재되었어요.

고구려 벽화에는 천 년이 훨씬 지난 오늘날에도 다채로운 색감과 생생한 모습이 담겨 있어요. 옷과 얼굴 표정, 말을 타고 활을 쏘는 모습 등 당시 고구려 사람들의 모습을 볼 수 있지요. 무덤 안 벽화에는 동서남북에 각 방향을 지키는 수호신인 청룡, 백호, 주작, 현무가 그려져 있고, 천장에는 괴수와 하늘에 사는 사람, 덩굴 등의 문양이 그려져 있어요. 특히 황해남도의 안악군에 있는 안악 3호분에는 화려하고 선명한 고구려 벽화가 많이 남아 있어 당시 사람들의 의복이나 생활 모습 등을 살필 수 있지요.

안악 3호분 초상화

가야의 흔적이 깃든 가야 고분군

가야를 세운 김수로왕

낙동강 주변을 나누어 다스리던 촌장들은 어진 왕을 바라며 구지봉에 모여 하늘에 제사를 지냈어요. 구지봉은 거북 모양의 봉우리라는 뜻이에요. 촌장들이 구지가를 부르자 하늘에서 여섯 개의 황금 알이 담긴 상자가 내려왔어요. 황금 알에서는 여섯 명의 사내아이가 태어났지요. 훗날 여섯 명의 아이는 여섯 가야의 왕이 되었으며 가장 큰 알에서 태어난 김수로는 금관가야, 즉 가락국의 왕이 되었어요.

김수로왕의 무덤인 수로왕릉은 김해에 있어요. 지름이 약 22미터이고 높이는 5미터 정도로 거대해요. 약 1킬로미터 정도 떨어진 곳에 있는 수로왕비릉은 축대를 쌓고 돌담을 둘러 무덤을 보호하고 있는 점이 인상적이에요.

김수로왕은 바다 건너 아유타국★에서 온 공주 허황옥을 아내로 맞았다고 해요. 수로왕릉에서 인도에서 널리 쓰이는 태양과 물고기 문양이 발견되었고 수로왕비릉에서는 파사 석탑이 발견되었어요. 파사 석탑은 허왕후가 아유타국에서 건너올 때 싣고 왔다고 전하지요. 한반도에서 보기 힘든 돌로 만들어져 이를 통해 가야가 인도와 교류했다는 걸 알 수 있어요.

★**아유타국** 고대 인도의 왕국이에요.

수십만 개의 고분이 있다고요?

낙동강 하류에 자리 잡은 가야는 철광석이 많이 나는 곳이어서 철을 이용해 도구나 무기를 만드는 기술이 뛰어났어요. 여섯 가야 중에서 세력이 가장 컸던 나라는 김해 지역에 있었던 금관가야예요. 금관가야가 고구려와 신라의 공격을 받으며 결국 멸망하자 가야 문화는 대가야를 중심으로 이어졌어요. 하지만 562년 대가야가 신라에 멸망한 이후 가야의 다른 나라들도 신라에 흡수되었지요.

가야와 관련된 고분군은 무려 780곳이 넘고, 수십만 기나 돼요. 금관가야가 있던 김해 지역을 비롯해 함안, 합천, 고령, 고성, 창녕, 남원 등 여러 곳에 가야 고분이 흩어져 있어요. 여러 나라로 나뉘어 있었기 때문에 고분의 유물, 형태와 구조도 조금씩 다르지요.

또한 가야가 중국이나 일본과 활발하게 교류한 만큼 가야 고분군에서는 다른 나라와 주고받은 유물들이 많이 발굴되었어요. 이러한 유물을 통해서 무덤 주인의 힘과 세력을 가늠할 수 있답니다.

가야 고분군

가야의 무덤은 어떻게 생겼나요?

초기 가야 고분군은 나무로 관을 만든 목관묘였어요. 왕과 백성의 무덤이 구분되지 않았고 목관 아래에 부장품★을 넣는 공간을 만들기도 했어요. 3~4세기 대표적인 고분은 김해 대성동 고분군으로 관을 넣는 방을 나무로 만든 목곽묘예요. 왕의 무덤에는 다른 나라와 교류하면서 들어온 물건을 함께 묻었기 때문에 많은 외국 물품이 출토되었어요. 또한 길쭉하고 납작한 쇠판인 덩이쇠를 비롯한 철로 만든 무기도 많았답니다.

목관묘

파형 동기

통형 동기

토기

김해 대성동 고분군

5세기 무렵에는 돌로 방을 만든 구덩식 돌덧널무덤이 만들어졌어요. 중앙에 주인공의 무덤을 만들고 봉분을 아주 높게 쌓는 형태가 등장했고, 순장★과 고급 장신구를 함께 묻는 풍습이 있었어요. 김해 대성동 고분군에서는 주인공 주변으로 3~5명이 묻혀 있었어요. 고령 지산동 고분군에서는 5세기 후반의 장례 모습을 확인할 수 있는데 40명이 넘는 사람이 순장된 무덤도 있었지요.

★**부장품** 시신과 함께 묻는 물건을 이르는 말로, 껴묻거리라고도 해요.
★**순장** 왕처럼 신분이 높은 사람이 죽었을 때 노비 등을 함께 묻는 풍습이에요.

우리 유산 배움터

고려의 중심 도시, 개성 역사 유적 지구

태조 왕건은 개성을 수도로 삼고 고려를 세웠어요. 개성은 산으로 둘러싸여 있어서 성 주변의 여러 산을 연결해 외성을 쌓아 적을 방어했지요. 개성은 고려가 멸망할 때까지 중심 도시였기 때문에 성벽과 만월대, 개성 첨성대, 개성 남대문, 고려 성균관, 숭양 서원, 선죽교, 표충비, 왕건릉, 공민왕릉 등 고려의 유적들이 많이 남아 있어요. 개성 역사 유적 지구는 북한에서 두 번째로 등재된 세계 문화유산이에요.

개성 역사 유적 지구의 대표적인 장소를 살펴보면, 만월대는 고려 왕조의 궁궐터로 송악산 남쪽에 있어요. 선죽교는 고려에 끝까지 충성을 다한 정몽주가 최후를 맞이한 다리예요. 공민왕릉은 당시 고려를 간섭하던 원나라에서 벗어나 자주성을 확립하기 위해 노력했던 공민왕과 노국 공주가 함께 잠들어 있어요. 고려 성균관은 나라의 관리를 교육하는 기관이고, 숭양 서원은 정몽주의 집에 세운 서원이에요. 이 밖에도 고려는 불교를 받아들였기 때문에 개성에는 불교 사찰이 많이 남아 있어요.

우리 유산 놀이터

신라와 고구려, 백제, 가야가 남긴 문화유산에는 어떤 것들이 있는지 둘러보았어요. 아래 설명과 그림을 살펴보고 알맞은 것끼리 연결해 보세요.

고구려 유적

가야 유적

신라 유적

백제 유적

불교는 삼국 시대에 우리나라에 전해졌어요. 고구려, 백제, 신라는 백성의 마음을 하나로 모으고 왕의 힘을 키우기 위해 불교를 받아들였어요. 불교가 널리 퍼지면서 전국에 사찰과 탑이 세워졌고 적을 무찌르기 위해 부처의 힘을 빌리려고도 했지요.

하지만 조선이 건국되면서 불교를 억누르고 유교를 나라의 이념으로 삼아 따르도록 했어요. 그러면서 전국에 유교를 가르치는 서원들이 많이 세워졌답니다.

유교와 불교를 따르는 마음

뛰어난 불교 건축물, 불국사와 석굴암

부처의 나라를 만들자!

신라는 528년경 법흥왕 때 공식적으로 불교를 받아들였어요. 이때 불국사가 세워졌는데 751년 신라의 재상 김대성이 절을 고쳐 지었어요. 설화에 의하면 김대성은 가난한 집에서 태어났다가 어린 나이에 죽었어요. 그러나 전생의 기억을 가진 채 재상의 집에서 다시 태어났지요. 효심이 깊었던 김대성은 전생의 부모를 위해 석굴암을 만들고, 현생의 부모를 위해 불국사를 지었다고 해요. 불국사는 '부처의 나라'라는 뜻이에요.

불국사 서쪽의 연화교와 칠보교를 오르면 안양문이 나와요. 문으로 들어서면 극락전이 나오는데, 편안하고 자유로운 세상을 상징하는 곳이에요. 사람들은 죽은 뒤 아무 고통이 없는 극락에서 태어나는 '극락왕생'을 바라며 극락전을 찾았지요. 그래서 불국사에서 극락전은 미래를 상징하고, 대웅전은 현재를 상징하며 뒤편의 관음전과 비로전은 과거를 상징해요.

석가탑

화려함과 소박함을 뽐내는 다보탑과 석가탑

불국사는 부처가 사는 곳인 대웅전으로 가려면 34개의 계단으로 이루어진 백운교와 청운교를 올라야 해요. 그런 다음 자하문을 지나면 석가탑과 다보탑이 나오지요. 나란히 서 있는 석가탑과 다보탑은 서로 다른 아름다움을 뽐내고 있어요. 장식이 없이 소박한 모습의 석가탑과 화려함을 자랑하는 다보탑은 불국사에서 빼놓을 수 없어요.

석가탑은 화려하지 않아도 비례가 뛰어나고 안정적인 모습 덕분에 우리나라 최고의 탑으로 손꼽혀요. 그런데 1966년에 도굴꾼들이 석가탑의 사리함을 훔치려다가 탑을 훼손했어요. 이때 탑을 보수하기 위해서 해체했더니 탑 속에서 목판으로 인쇄한 〈무구 정광 대다라니경〉이 나왔어요. 세계에서 가장 오래된 목판 인쇄물이 세상에 모습을 드러낸 거예요.

부처의 자비로운 미소를 보다

경주 토함산에는 바위를 깎아 만든 석굴암이 있어요. 부처를 지키는 여덟 명의 무사가 새겨져 있는 전실을 지나면 절의 수호신인 금강역사가 지키고 있는 주실의 입구가 나와요. 주실은 둥근 모양이고 한가운데에 부처가 가부좌를 틀고 있어요. 부처 주변으로는 보살상과 제자상, 천왕상 등이 부처를 모시듯 빙 둘러 새겨져 있지요.

석굴암의 본존불은 은은하고 자비로운 미소를 지어 보는 사람들을 편안하게 해 주지요. 본존불은 동쪽을 향해 앉아 있고 해가 떠오르면 햇빛이 석굴암 안을 밝히면서 신비로운 분위기를 만들어 내요.

석굴암은 좌우 대칭이 완벽하고, 습기가 차지 않도록 과학적으로 설계되었어요. 하지만 일제 강점기에 일본인들이 보수한다고 건드리는 바람에 훼손되고 습기가 차 지금은 유리막이 설치되어 있답니다.

〈팔만대장경〉을 지키는 해인사 장경판전

적을 물리치려는 마음이 담겨 있어요

신라가 삼국을 통일한 다음 고구려 땅에는 발해가 등장했어요. 고구려의 뒤를 이으려는 발해는 고구려 땅을 되찾으면서 북쪽에서 세력을 키웠고, 남쪽은 신라가 중국과 일본을 잘 막아 내고 있었지요. 그때 한반도에서는 후고구려와 후백제도 등장했어요. 신라는 후백제의 공격으로 힘이 약해져 갔고, 발해는 거란족의 침입으로 멸망했어요. 그 무렵 후고구려에서는 궁예를 몰아내고 왕건이 고려를 세웠어요. 신라와 후백제가 항복하면서 고려는 마침내 한반도를 통일했지요.

고려는 나라의 기반을 다지기 위해 지방 귀족들의 힘을 누르고 왕의 힘을 더욱 키웠어요. 노비를 풀어 주고, 과거 제도를 만들어서 능력 있는 관리도 뽑았지요. 그러던 중 북쪽에서는 거란족이 수십만 명의 군사를 이끌고 쳐들어왔어요. 거란의 2차 침략 이후 고려에서는 부처의 힘을 빌려 나라를 구하기 위해 부처의 말씀을 담은 〈초조대장경〉을 만들었어요. 무려 6천 권에 이르렀지요. 이후 북쪽에서 세력을 키운 몽골이 1231년 고려에 쳐들어왔어요. 고려는 몽골의 침략으로 전쟁을 벌이면서 황폐해졌어요. 그러자 새롭게 〈팔만대장경〉을 만들도록 했지요.

부처의 힘으로 나라를 구하자!

〈팔만대장경〉의 판은 주로 산벚나무를 이용했어요. 한 판의 크기는 가로 70센티미터, 세로 24센티미터 정도에 두께는 2.8센티미터 정도예요. 무게는 약 3.25킬로그램 정도고요. 판이 8만 장이 넘어 〈팔만대장경〉이라고 불렸어요. 〈팔만대장경〉의 판은 나무를 잘라 바닷물에 1~2년 담가 두었다가 적당한 크기로 잘라 소금물에 삶은 다음 말렸어요. 그렇게 판을 만든 뒤 불경을 쓴 종이를 붙이고 글자를 하나하나 새겼지요.

글자를 새긴 판에는 먹을 칠한 다음 또 옻칠을 해서 썩지 않도록 했어요. 또한 귀퉁이에 구리판을 덧대어 붙였는데, 나무가 뒤틀리지 않고 보관할 때 습기가 차지 않도록 하기 위해서였지요. 덕분에 〈팔만대장경〉 판은 오늘날까지 제 모습을 잘 유지하고 있어요.

〈팔만대장경〉은 1318년부터 강화도의 선원사에 보관했다가 왜구를 피해 1398년 경상남도 합천군 해인사 장경판전으로 옮겼어요. 장경판전은 〈팔만대장경〉을 보관하기 위해 지은 건물이에요.

과학적으로 지어진 장경판전

해인사 장경판전은 일주문을 지나 해인사의 중심 건물인 본당 뒤에 있어요. 부처를 모신 곳보다 위에 있는 것으로 보아 얼마나 중요한 곳인지 알 수 있지요. 양쪽으로 긴 건물이 나란히 있고, 작은 건물로 양쪽을 이어 가운데에 마당을 두었어요. 건물은 서남향으로 햇빛이 잘 들어 습기가 차지 않아요. 바닥은 땅을 깊이 파서 모래를 깔고 횟가루와 찰흙, 숯, 맨 위에 소금을 올리고 다져서 습도가 유지될 수 있도록 했답니다.

해인사 장경판전 안에는 5단으로 되어 있는 나무 선반에 대장경판이 두 줄씩 보관되어 있어요. 선반 사이에도 공간을 두어 공기가 통할 수 있게 했지요. 그리고 남쪽과 북쪽의 위아래에 창문을 내어 바람이 잘 통하도록 했어요. 일부러 남쪽은 아래 창을 크게, 북쪽은 위 창을 크게 해서 공기가 순환하면서 습도를 조절하고 먼지가 쌓이지 않아요. 해인사 장경판전은 온도와 습도가 일정하게 유지되는 과학적인 건물이에요.

산속에서 수행하는 산사, 한국의 산지 승원

부처의 가르침을 수행하는 공간

불교는 부처의 가르침을 따르고 수행하는 종교예요. 우리나라에는 삼국 시대 때 중국에서 전해졌는데 고구려가 가장 먼저 불교를 받아들였지요. 불교를 널리 알린 사람은 원효 대사예요. 신라가 삼국을 통일한 뒤 원효 대사는 공부를 하러 당나라로 가던 중 동굴에서 하룻밤을 묵었어요. 잠을 자다가 목이 말라 옆에 있던 그릇에 담긴 물을 달게 마셨지요. 그런데 다음 날 아침 자신이 마신 물이 해골에 담긴 물이었다는 사실을 알고 괴로워했어요. 모든 것이 마음먹기에 달렸다는 걸 깨달은 원효 대사는 발길을 돌려 신라로 돌아와 많은 사람에게 불교를 알렸어요.

우리나라에서는 7세기부터 9세기까지 많은 절이 세워졌어요. 하지만 조선 시대에 유교를 받들고 불교를 억누르는 정책을 펴면서 마을에 있는 절은 많이 사라지고 산지의 절이 남게 되었어요. 산지 승원★ 중에서도 통도사, 부석사, 봉정사, 법주사, 마곡사, 선암사, 대흥사 7개의 대표적인 절이 유네스코 세계 문화유산으로 등재되었답니다.

★**승원** 승려가 불교의 가르침을 닦으며 수행하는 곳으로 흔히 절을 가리켜요.

자연과 조화를 이루어요

우리나라 산속에 있는 절은 크게 곡저형, 경사형, 계류형으로 나눌 수 있어요. 곡저형은 골짜기 아래의 평지에 세운 사찰을 말해요. 경사형은 산의 경사면에 세운 사찰이고, 계류형은 산기슭에 계곡물을 끼고 있는 사찰이지요. 산속에 세운 절은 자연과 조화를 이룬 우리나라의 대표적인 사찰 모습이에요. 사찰마다 승려들의 수행 공간, 일반인들의 신앙 공간이 어우러진 다양한 건축물들이 오늘날까지 이어져 오고 있어요.

경상북도 안동시에 있는 봉정사는 우리나라 최초의 목조 건물인 극락전이 유명해요. 능인 대사가 종이로 봉황을 접어 날린 곳에 세워 '봉정사'라고 불리지요. 법주사는 우리나라에서 유일하게 목조 5층탑인 팔상전이 있는 절로 충청북도 보은군 속리산에 있어요. 마곡사는 신라의 승려 자장이 세운 사찰로 충청남도 공주시에 있지요. 선암사는 신라 시대 사찰로, 전라남도 순천시 조계산에 있어요. 대흥사는 전라남도 해남군 두륜산 자락에 있으며 조선 시대 대표 서예가인 추사 김정희가 쓴 현판을 볼 수 있어요.

신비로움을 간직한 사찰 이야기

경상남도 양산시 영축산에 있는 통도사는 우리나라 3대 사찰 중 하나예요. 신라 선덕 여왕 때 당나라에 갔던 자장 율사가 가져온 부처의 유골인 진신 사리와 대장경 등을 모시고 세웠지요. 통도사 자리에는 원래 아홉 마리의 용이 사는 큰 못이 있었는데, 절을 짓기 위해 용들을 쫓아내고 한 마리만 남겨 절을 지키게 했다는 이야기가 전해요. 통도사 대웅전에는 불상이 없고 대신 대웅전 뒤에 있는 금강 계단에 부처의 사리를 모시고 있어요. 금강 계단은 승려가 되는 의식이 진행되는 곳이에요.

경상북도 영주시 봉황산에 있는 부석사는 신라 시대 의상 대사가 세웠어요. 의상 대사는 당나라에 공부하러 갔을 때 선묘 낭자를 만났어요. 그러다 의상 대사가 신라로 돌아가자 선묘 낭자는 용으로 변해 의상 대사가 무사히 돌아갈 수 있도록 지켰어요. 그리고 절을 세울 때는 돌을 공중으로 띄우는 진기한 현상을 보여 주어 반대하는 의견을 잠재웠다는 이야기가 전해요. 그래서 절의 이름도 '바위가 뜨다'라는 뜻의 '부석'이 되었지요.

학문을 배우고 제사를 지내는 한국의 서원

지역의 성리학 교육을 담당했어요

서원은 유학의 한 학파인 성리학을 가르치는 교육 기관인데, 그 지역의 학식이 풍부한 인물들에게 제사를 지내는 역할도 했어요. 서원의 형태나 구조 등을 통해 독특한 목조 건축 기법을 알 수 있을 뿐 아니라 당시 사람들이 어떻게 공부했는지도 알 수 있어요.

서원은 크게 공부를 하는 강학 공간, 제사를 지내는 제향 공간, 화합과 교류를 하는 휴식 공간 세 부분으로 나눌 수 있어요. 이 밖에 강당, 도서관, 누각 등이 주변 경관과 어우러져 조화를 이루지요.

우리나라의 서원은 조선 시대인 16세기 중반부터 전국에 많이 세워지기 시작했어요. 그런데 서원이 늘어나면서 정치적으로 목소리를 높이는 일도 잦았어요. 그러자 고종 때 흥선 대원군은 서원 철폐령을 내려 전국에 47개의 서원을 남기고 모두 없애라고 지시했어요. 유네스코에 등재된 소수 서원, 남계 서원, 옥산 서원, 도산 서원, 필암 서원, 도동 서원, 병산 서원, 무성 서원, 돈암 서원은 서원 철폐령에도 자리를 지킨 서원들이에요.

아름다운 자연 속에서 학문을 즐겼어요

소수 서원은 우리나라 최초의 서원으로 경상북도 영주시에 있어요. 원래 이름은 백운동 서원이었는데 임금이 이름을 내려 '소수 서원'으로 바뀌었어요. 퇴계 이황이 풍기 지역 군수로 있을 때 서원을 인정하고 나라의 지원을 바란다는 글을 올린 덕분이었지요. 소수 서원은 입구 왼쪽에 경렴정이라는 정자가 있고, 그 앞을 흐르는 죽계천 건너편으로 풍류를 즐겼던 경자 바위가 있어요. 소나무가 우거진 곳에 자리 잡고 있어 경관이 뛰어나요.

도산 서원은 퇴계 이황을 모신 곳으로, 이황이 제자들을 가르쳤던 도산 서당 자리에 제자들이 세웠어요. 도산 서원에 있는 편액 글자는 조선의 서예가 한석봉이 썼지요. 이황은 조선 시대의 대표적인 학자로 손꼽혀요. 관직에 있는 약 40년 동안 무려 네 명의 왕을 섬겼으며 항상 겸손한 자세로 학문을 연구했지요. 오늘날 천 원권 지폐의 주인공이기도 해요. 천 원권 지폐의 뒷면에는 정선이 그린 도산 서당의 모습이 있어요.

서원마다 개성이 뚜렷해요

돈암 서원은 충청남도 논산시에 있어요. 약간 떠 있는 듯한 독특한 구조의 강당인 응도당이 보물로 지정되었어요. 남계 서원은 경상남도 함양군에 있으며 가파른 경사를 따라 건물을 배치했어요. 사당이 가장 높은 곳에 있는데 이후 지어진 서원들이 남계 서원의 배치를 따라 지어졌지요. 옥산 서원은 경상북도 경주시에 있어요. 자계천이 서원 입구를 휘돌아 흐르며 화개산을 등지고 있지요. 마루지만 다락처럼 높게 만들어 바람이 잘 통하게 한 누마루를 처음 만든 곳이에요.

병산 서원은 경상북도 안동시에 있으며 임진왜란 때 큰 공을 세운 류성룡을 모신 곳이에요. 서원의 큰 누각인 만대루에서는 앞으로 흐르는 낙동강과 경치를 감상하며 쉴 수 있어요. 대구 달성군에 있는 도동 서원은 건축 구성과 건물 배치, 서원을 둘러싼 담 등이 훌륭한 짜임새를 보여 서원 건축을 대표하는 곳으로 꼽혀요. 필암 서원은 널따란 평지에 있는 서원으로 전라남도 장성군에 있어요. 2층 누각인 확연루에서는 서원이 한눈에 들어와요. 다른 서원과 달리 강당이 사당을 바라보는 형태로 배치되어 있어요. 무성 서원도 평지에 세운 서원으로, 전라북도 정읍시에 있으며 신라의 학자 최치원을 모시고 있지요.

가장 오래된 금속 활자본 〈직지심체요절〉

불교의 가르침을 담은 책이에요

〈직지심체요절〉은 고려 시대의 승려 백운 화상이 쓴 책을 1377년 금속 활자로 찍어 낸 거예요. 세계에서 가장 오래된 금속 활자 인쇄본으로 고려 시대의 뛰어난 인쇄술을 엿볼 수 있어요.

〈직지심체요절〉이 발견되기 전만 해도 1455년경에 인쇄된 독일의 〈구텐베르크 42행 성서〉가 가장 오래된 것으로 알려져 있었어요.

조선 후기 프랑스의 외교관 블랑시는 오래된 책이나 문화재를 수집하는 취미가 있었어요. 블랑시는 조선에 머물던 중 〈직지심체요절〉을 수집해 프랑스로 가져갔어요. 1911년 블랑시는 자신의 수집품을 경매에 내놓았는데, 앙리 베베르가 비싼 값을 내고 〈직지심체요절〉을 사들였어요. 이후 〈직지심체요절〉은 베베르의 유언에 따라 1950년 프랑스 국립 도서관에 기증되었어요. 그리고 1972년 박병선 박사에 의해 세상에 알려졌지요.

활자는 살아 있는 글자예요

'직지심체'는 마음을 바르게 하여 참선하고 도를 깨우치면 자신의 마음이 부처가 된다는 것을 의미해요. 〈직지심체요절〉은 백운 화상이 세상을 떠나고 그의 제자들이 편찬했어요.

'1377년 청주의 흥덕사에서 금속 활자로 인쇄했다'라는 내용이 있어 가장 오래된 금속 활자 인쇄본으로 인정받을 수 있었지요. 원래 상권과 하권으로 이루어져 있지만 지금은 상권은 없고, 하권도 첫 장이 없어요.

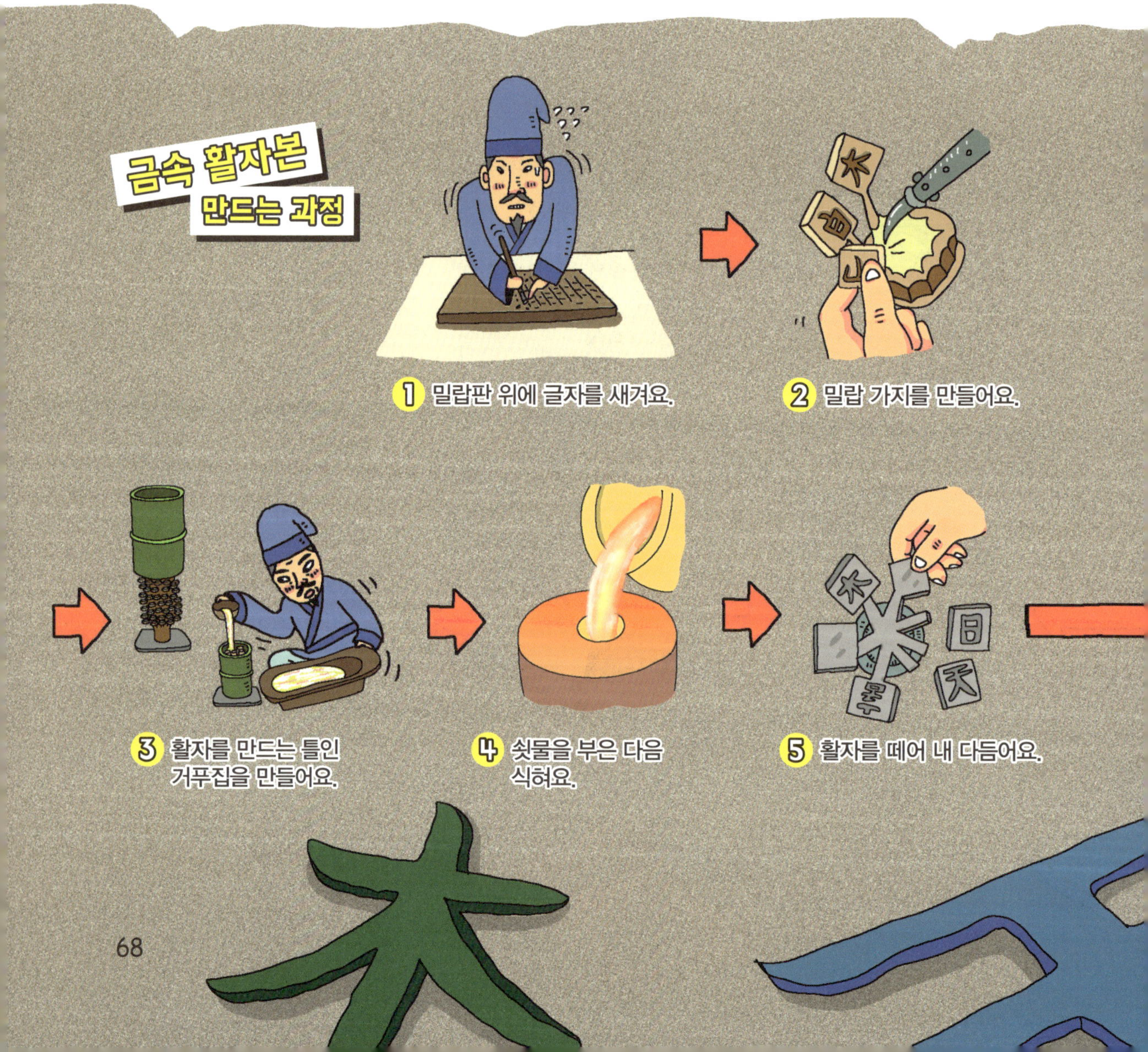

목판 인쇄는 나무판에 내용을 모두 새겨 찍어 내는 것으로 많은 양의 나무가 필요하고 각각의 쪽을 전부 새겨야 했어요. 하지만 한 자씩 만든 금속 활자는 글자를 짜맞추어 찍어 낼 수 있기 때문에 시간과 비용을 절약할 수 있었지요. 이처럼 금속 활자는 글자를 조합해서 찍어 낼 수 있었기 때문에 '살아 있는 글자'라는 뜻의 '활자'라고 불렀어요.

우리 유산 배움터

약탈 문화재 연구에 평생을 바친 박병선

박병선은 〈직지심체요절〉과 외규장각 〈의궤〉를 세상에 알린 분이에요. 프랑스에서 유학을 하고 프랑스 국립 도서관에 사서로 일하던 박병선은 도서관의 지하 창고에서 먼지를 뒤집어쓴 〈직지심체요절〉을 발견했어요. 그리고 몇 년간의 연구 끝에 〈직지심체요절〉이 세계 최초의 금속 활자본이라는 것을 발표했지요. 이 발표는 세상을 놀라게 했고, 오늘날 구텐베르크의 금속 활자보다 70여 년이나 앞선 최초의 활자로 인정받고 있어요.

박병선은 프랑스 국립 도서관 베르사유 별관 창고에서 외규장각★ 〈의궤〉도 발견했어요. 하지만 〈의궤〉가 우리나라가 약탈당한 중요한 자료라는 사실을 알린 뒤 일자리를 잃고 말았어요. 박병선은 매일같이 도서관을 드나들며 자료를 연구했고, 덕분에 〈의궤〉는 대여 형식이지만 145년 만에 우리나라로 돌아올 수 있었어요. 평생을 약탈된 문화재 연구에 바친 박병선 박사는 〈의궤〉가 반환된 2011년, 88세로 세상을 떠났어요. 지금은 국립 서울 현충원에 잠들어 있답니다.

★**외규장각** 조선의 제22대 왕 정조가 강화도에 설치한 왕실 도서관이에요.

우리 유산 놀이터

우리나라를 대표하는 사찰인 통도사, 부석사, 봉정사, 법주사, 마곡사, 선암사, 대흥사 등이 유네스코 세계 문화유산으로 등재되었어요. 아래 그림을 보고 빈칸에 알맞은 이름을 써 보세요.

부석사
산사는
살아 있는
불교 유산이란다.

이성계가 조선을 세우고 27명의 왕을 거치며 조선 왕조는 500여 년이나 이어졌어요. 한 나라의 왕조가 이렇게 오랫동안 이어진 것은 세계에서도 드문 경우랍니다. 조선은 유교를 나라의 이념으로 받아들여서 종묘와 사직을 중요하게 여겼어요. 그리고 〈조선왕조실록〉과 〈의궤〉, 〈승정원일기〉 등 상세한 기록을 남겨서 조선 시대의 모습을 자세히 살필 수 있답니다. 그 이야기 속으로 들어가 보아요.

500년을 이어 온 조선의 역사

조선의 틀을 세우는 종묘

종묘와 사직을 바로 세우다!

조선을 세운 태조 이성계는 수도를 한양으로 옮기고 종묘와 사직을 짓도록 했어요. 경복궁을 중심으로 동쪽에 종묘가 있고, 서쪽에 사직이 있지요. 종묘는 조선 시대 왕과 왕비의 위패를 모신 사당이고, 사직단은 토지와 곡식의 신에게 제사를 올리는 곳이에요. 조선 시대에는 조상과 자연의 신에게 제사 지내는 일을 아주 중요하게 여겼거든요.

종묘에서 지내는 '종묘 대제'는 나라의 가장 큰 제사였어요. 종묘는 원래 규모가 작은 곳이었지만 조선 왕조가 번창하면서 여러 번 고쳐 지으며 점점 커졌어요. 중심 건물인 정전에는 폐위★된 왕인 연산군과 광해군를 제외한 왕과 왕후들의 신주를 모시고 있지요. 이 밖에도 제사에 쓰는 예물을 보관하던 향대청, 고려 공민왕을 모신 공민왕 신당, 제사를 기다리며 왕과 세자가 머무르던 어숙실 등이 있어요.

★**폐위** 왕의 자리에서 끌어내리는 걸 말해요.

종묘와 사직 지도

웅장함과 안정감을 뽐내는 건축

종묘는 엄숙하면서도 웅장한 분위기를 풍기는 아름다운 건축물로 손꼽혀요. 종묘의 정문에 들어서면 넓은 돌길이 신주를 모신 정전까지 이어져요. 정전 앞에는 가로 109미터, 세로 69미터의 넓은 월대가 있어요. 월대 끝에 있는 정전은 동쪽에서 서쪽으로 길게 이어진 건물로 20개의 기둥이 건물을 받치고 있어요. 기둥은 모양이 조금씩 다른데, 건물의 아름다움과 안정감을 주기 위해서 일부러 다르게 만들었대요.

종묘는 임진왜란 때 불에 타서 잿더미가 되었어요. 그러다 광해군 때 복원되어 계속 고쳐 지으면서 오늘날의 규모를 갖추게 되었지요. 종묘는 원래 창경궁과 이어져 있었는데, 일제 강점기에 조선 총독부가 조선 왕조의 맥을 끊으려고 사이에 큰 도로를 내었어요. 하지만 오늘날 종묘와 창경궁의 담장을 복원하고 끊어진 길도 연결하여 산책로로 만들었답니다.

우리 유산 배움터

종묘 제례는 어떻게 진행되었나요?

제례는 제사를 지내는 의례를 말해요. 종묘 제례는 종묘에서 제사를 지내는 행사를 말하고, 이때 연주하는 음악을 종묘 제례악이라고 해요. 매년 봄·여름·가을·겨울의 첫 달인 1월·4월·7월·10월과 12월에 제사를 지내고, 나라에 좋은 일이 있거나 나쁜 일이 있을 때도 제사를 지냈어요.

종묘 제례는 절차에 따라 엄격하게 진행되었어요. 종묘 제례 때는 보태평과 정대업이 11곡씩 연주되었어요. 보태평과 정대업은 나라를 세우고 다스리는 왕을 받드는 내용이에요. 편종, 편경, 해금, 아쟁, 태평소 등 전통 악기로 연주하고, 악단은 계단 위 상월대와 계단 아래 하월대에서 연주하는 악단으로 나뉘어요. 상월대에서 연주하는 악단을 '등가', 하월대에서 연주하는 악단을 '헌가'라고 하지요. 음악이 연주되는 동안 무용수들은 역대 왕을 기리는 춤을 추었는데, 내용에 따라 깃털이나 칼과 창 등의 도구를 활용하기도 했어요.

조선 왕들의 사랑을 받은 창덕궁

조선의 5대 궁궐은 언제 지었을까?

조선을 세운 이성계는 새로운 도읍지를 정하기 위해 여러 곳을 알아보다가 한양으로 정했어요. 그리고 종묘와 사직단을 지은 다음 궁궐을 세웠지요. 조선의 정식 궁궐은 경복궁이에요. 이후에 창덕궁, 창경궁, 인경궁, 경덕궁, 경운궁이 세워졌지요. 경복궁은 오랫동안 조선의 법궁★이었는데, 임진왜란 때 불에 타 완전히 잿더미가 되었어요. 그로부터 270여 년이 지나 흥선 대원군이 경복궁을 고쳐 지으면서 지금의 모습이 되었어요.

★**법궁** 궁궐 가운데 중심이 되는 제일의 궁궐을 말해요.

창경궁은 왕실 가족들이 머물 수 있도록 지은 별궁이에요. 임진왜란 때 불에 타 광해군 때 고쳐 지었어요. 하지만 일제 강점기에 일본 사람들이 창경궁에 동물원과 식물원을 만들고 일본식 건물을 지었어요. 지금은 일본식 건물을 철거했지만 식물원은 남아 있어요.

인경궁은 광해군이 사직단 부근에 세웠으나 인조 때 허물어 5대 궁궐에 포함되지 않아요. 경덕궁은 경희궁으로 이름이 바뀌었어요. 경운궁은 성종의 형인 월산 대군의 집이었는데, 고종이 대한 제국을 선포하고 황궁으로 이용했어요. 하지만 고종이 물러난 뒤에는 덕수궁으로 이름이 바뀌었지요.

창덕궁 인정전

창덕궁이 정식 궁궐이 되었어요

이성계에게는 여덟 명의 아들이 있었는데 아들들은 서로 다음 왕이 되려고 다투었어요. 그러다 다섯째 아들 이방원은 형제들을 물리치고 왕위에 올라 제3대 태종이 되었어요. 태종은 자신이 반란을 일으켰던 경복궁을 대신해 경복궁 동쪽에 창덕궁을 짓도록 했어요. 경복궁 동쪽에 있다고 하여 '동궐'이라고도 불렸지요. 창덕궁은 광해군 때부터 왕이 머무는 정식 궁궐로 사용되어 250여 년 동안 여러 왕이 머물렀어요.

창덕궁의 가장 동쪽 끝에는 낙선재가 있어요. 고즈넉한 낙선재는 순종의 왕비 순정효 황후를 비롯해 왕족들이 마지막을 보낸 곳이에요. 조선이 멸망한 뒤에도 순성효 황후는 낙선재에 머물다가 1966년 눈을 감았어요. 또한 순종의 동생 영친왕은 일본으로 갔다가 한국으로 돌아와 낙선재에 머물렀는데 건강이 매우 악화된 상태였어요. 그래서 병원 치료를 받다가 1970년 낙선재에서 마지막을 맞이했지요. 일본으로 끌려갔던 고종의 딸 덕혜 옹주도 귀국 후 낙선재에서 머물다 쓸쓸히 눈을 감았어요.

자연과 조화롭고 한가로운 궁궐

창덕궁은 경복궁과 비교하면 아담한 크기로, 형식보다는 자연과의 조화를 중요시했어요. 그래서 담도 낮게 만들고 일반적인 궁궐의 건물 배치를 따르지 않고 자연과 어우러지게 지었답니다. 창덕궁의 정문은 돈화문이고, 금천교를 지나 안으로 들어가면 사신을 맞이하는 인정전이 있어요. 그리고 왕이 평소에 머물며 신하들과 정사를 논의하는 선정전과 왕과 왕비가 거처하는 희정당과 대조전이 있지요.

창덕궁에는 건물이 있는 공간보다 훨씬 넓은 후원이 조성되어 있답니다. 창덕궁 후원은 왕과 왕비가 산책을 하거나 뱃놀이, 낚시를 즐기던 곳이에요. 사냥을 하거나 연회를 열기도 했지요. 나지막한 동산에 있는 연못 부용지와 정자인 부용정은 후원에서 가장 아름다운 곳이에요. 부용정은 정조가 고쳐 지으면서 붙인 이름인데, '활짝 핀 연꽃'이라는 뜻이에요.

정조가 꿈꾼 새로운 도시, 수원 화성

영조와 사도 세자의 슬픈 역사

영조와 정조 시대는 학문이 발달하고 서민 문화가 꽃핀 시기였어요. 영조는 실력 있는 인재를 뽑고, 백성들이 억울한 일을 직접 알릴 수 있도록 신문고 제도를 두는 등 여러 정책을 폈어요. 하지만 영조의 아들 사도 세자는 아버지의 기대에 미치지 못했어요. 사도 세자와 영조는 자주 대립했는데 사도 세자가 계속 문제만 일으키고 조선에 해롭다고 판단한 영조는 세자를 뒤주에 가두도록 했어요. 결국 사도 세자는 뒤주 속에서 죽음을 맞이했지요. 이후 사도 세자의 아들이 왕위에 올라 정조가 되었답니다.

정조는 효심이 깊어서 아버지 사도 세자의 무덤을 수원으로 옮기고 자주 찾아갔어요. 정조가 수원으로 행차를 할 때면 한강에 400척이 넘는 배를 이어 붙여 배다리를 놓았고, 왕의 뒤를 따르는 사람은 6천 명이 넘었어요. 그러다 정조는 아예 수원에 새로운 도시를 만들어 궁을 옮길 계획을 세웠지요. 도시 전체를 성벽으로 둘러싸고 그 안에서 백성들이 불편함 없이 살 수 있도록 한 거예요.

정약용이 맡은 수원 화성 건설

수원 화성을 세우는 일은 실학자 정약용이 맡았어요. 실학은 생활에 도움이 되는 학문을 말해요. 정약용은 화성 건설을 위해 무거운 물건을 들어 올리는 거중기를 발명했어요. 거중기는 큰 돌을 작은 힘으로 안전하게 옮길 수 있었기 때문에 공사 기간과 비용을 줄이는 데 큰 도움을 주었어요. 수원 화성 공사는 10년을 예상했지만 단 2년 9개월 만에 완공되었답니다.

수원 화성은 일제 강점기와 6·25 전쟁 때 훼손되었지만 지금은 원래 모습으로 복원되었어요. 바로 〈화성성역의궤〉 덕분이에요. 〈화성성역의궤〉에는 화성을 짓는 과정이 낱낱이 기록되어 똑같이 복원할 수 있었지요. 설계도와 재료, 공사 도구, 기술자들의 이름뿐만 아니라 막일을 하는 일꾼의 이름, 그들의 고향과 품삯도 기록되어 있어요. 백성을 아낀 정조의 마음까지 엿볼 수 있답니다.

수원 화성은 어떻게 생겼나요?

수원 화성은 성곽의 길이가 약 5.7킬로미터에 이르는 큰 성곽 도시예요. 성곽에는 장안문, 팔달문, 창룡문, 화서문 4개의 문이 있고 안에는 왕이 머무는 행궁이 있어요. 또한 적을 감시하는 공심돈과 군사들을 지휘했던 서장대 등 여러 군사 시설물도 있답니다. 수로 위에 세워진 북수문과 동북각루는 화성에서 가장 아름다운 건축물로 손꼽혀요.

수원 화성은 마을에 빙 둘러 성을 쌓은 읍성이에요. 그런데 다른 읍성과는 달리 100미터마다 방어 시설을 두어 적의 공격에 철저히 대비했어요. 오성지는 적이 문에 불을 붙였을 때 물을 흘려 보내는 다섯 개의 구멍이에요. 현안은 성벽에 기어오르지 못하도록 뜨거운 물을 쏟는 홈이고, 성 위에는 담을 낮게 쌓아 총을 쏘는 공간을 만들었지요. 이처럼 화성에는 적을 방어하는 시설이 48군데나 있어요.

북수문(화홍문)

동북각루(방화수류정)

굴욕적인 역사를 지닌 남한산성

아픈 역사를 간직한 공간이에요

남한산성은 서울에서 남동쪽으로 약 25킬로미터 떨어져 있어요. 삼국 시대에 세워진 산성으로 여러 차례 고쳐 짓고 늘려 지으면서 조선 시대에 이르러 오늘날의 모습을 갖추게 되었어요. 적의 침입을 막기 위한 군사 시설이면서 임시 수도 역할을 할 수 있는 행궁 산성이기도 해요. 성의 둘레는 약 12킬로미터예요. 조선의 제16대 왕 인조는 외적이 쳐들어오는 걸 걱정하며 남한산성을 크게 수리했어요.

인조는 명나라를 섬기고 후금을 멀리하는 정책을 폈어요. 그런데 점점 세력을 키워 가던 후금이 나라 이름을 '청'으로 바꾸고 조선에 쳐들어왔어요. 이를 '병자호란'이라고 해요. 인조는 급하게 강화도로 피란을 떠났지만 강화도까지 가지 못하고 남한산성으로 들어가게 되었어요. 적에게 포위되자 인조와 신하들은 남한산성에서 45일간 버텼어요. 하지만 식량이 떨어지고 극심한 추위에 고통받다 결국 밖으로 나와 청나라에 항복할 수밖에 없었지요.

우익문
(서문)
전승문
(북문)
수어장대
남한산성 행궁
좌익문
(동문)
지화문
(남문)

남한산성은 어떤 구조일까요?

남한산성은 경기도 광주시 남한산에 있어요. 험준한 산속에 있지만 가운데는 넓고 평평해 마치 왕관 모양처럼 보여요. 남한산성은 남한산의 자연과 조화를 이루도록 지었기 때문에 성곽의 높이가 저마다 달라요. 또한 성을 쌓은 돌의 종류와 쌓는 방식도 달라서 남한산성이 한 번에 지어진 게 아니라 삼국 시대부터 조선 시대까지 계속 고쳐 지었다는 것을 알 수 있어요. 덕분에 성을 쌓는 기술이 발달해 온 과정을 살필 수 있답니다.

남한산성은 왕과 신하들이 머무는 행궁, 백성들이 사는 마을과 조상을 모시는 종묘와 군사 시설까지 갖추어 도읍지의 역할을 할 수 있도록 지어졌어요. 내부에는 우물과 연못도 많아 식량만 충분하다면 수만 명이 오랫동안 지낼 수 있어요. 남한산성은 동서남북에 4개의 성문이 있어요. 안쪽에는 군사를 지휘하는 수어장대와 백제의 시조인 온조왕의 위패를 모신 숭렬전, 남한산성 공사 책임자로 억울한 누명을 쓰고 죽은 이회 장군을 모신 청량당 등이 있지요.

조선의 왕과 왕비가 잠들어 있는 조선 왕릉

명당에 자리 잡은 왕릉

조선 시대에는 유교를 장려하는 정책을 폈기 때문에 장례를 치를 때는 유교 전통과 예법을 따랐어요. 그래서 왕의 무덤은 풍수지리에 따라 명당을 골랐으며 자연과의 조화를 중요하게 여겼답니다.

조선 왕릉은 태조부터 순종까지 모두 44기가 있어요. 그중에서 북한에 있는 제릉(태조 원비 신의 왕후의 능)과 후릉(정종의 능), 연산군과 광해군의 무덤을 제외한 40기가 세계 문화유산으로 등재되었어요.

조선 왕릉은 무덤 주인에 따라 능, 원, 묘로 나누어요. 왕과 왕비의 무덤은 능, 왕세자와 왕세자빈 등의 무덤은 원, 나머지 왕족과 폐위된 왕 등의 무덤은 묘라고 부르지요. 유네스코에 등재된 조선 왕릉은 능만 해당되어요.

능에도 여러 형태가 있는데 한 언덕에 한 사람이 안장된 무덤은 단릉, 한 언덕에 두 사람이 각각 안장된 무덤은 쌍릉, 한 언덕에 두 사람이 함께 안장된 무덤은 합장릉이라고 불러요.

조선 왕릉은 어떻게 구성되어 있나요?

조선 왕릉은 입구에서 홍살문까지가 진입 공간이에요. 홍살문은 신성한 곳으로 들어가는 문이지요. 그다음은 제사를 지내는 제향 공간이 나와요. 영혼이 다니는 길인 신도와 사람이 다니는 길인 어도를 지나면 제사를 지내는 정자각이 있어요. 그다음은 능침 공간이에요. 왕이나 왕비의 무덤으로 둥글게 봉분을 쌓고 주변에 무덤을 지키기 위해 문인석과 무인석, 동물 모습의 석상을 세웠어요.

조선 왕조는 500년 이상 이어졌는데, 한 왕조의 무덤이 오늘날까지 잘 보존되어 있는 경우는 세계에서 조선 왕릉이 유일해요. 도굴되거나 훼손된 경우도 거의 없지요. 또한 조선 왕릉은 풍수지리를 따져서 자연과 조화를 이루고 있으며, 제사를 지내는 등 전통을 지켜 온 공간이에요. 이러한 특별함 때문에 세계 문화유산으로 등재되었어요.

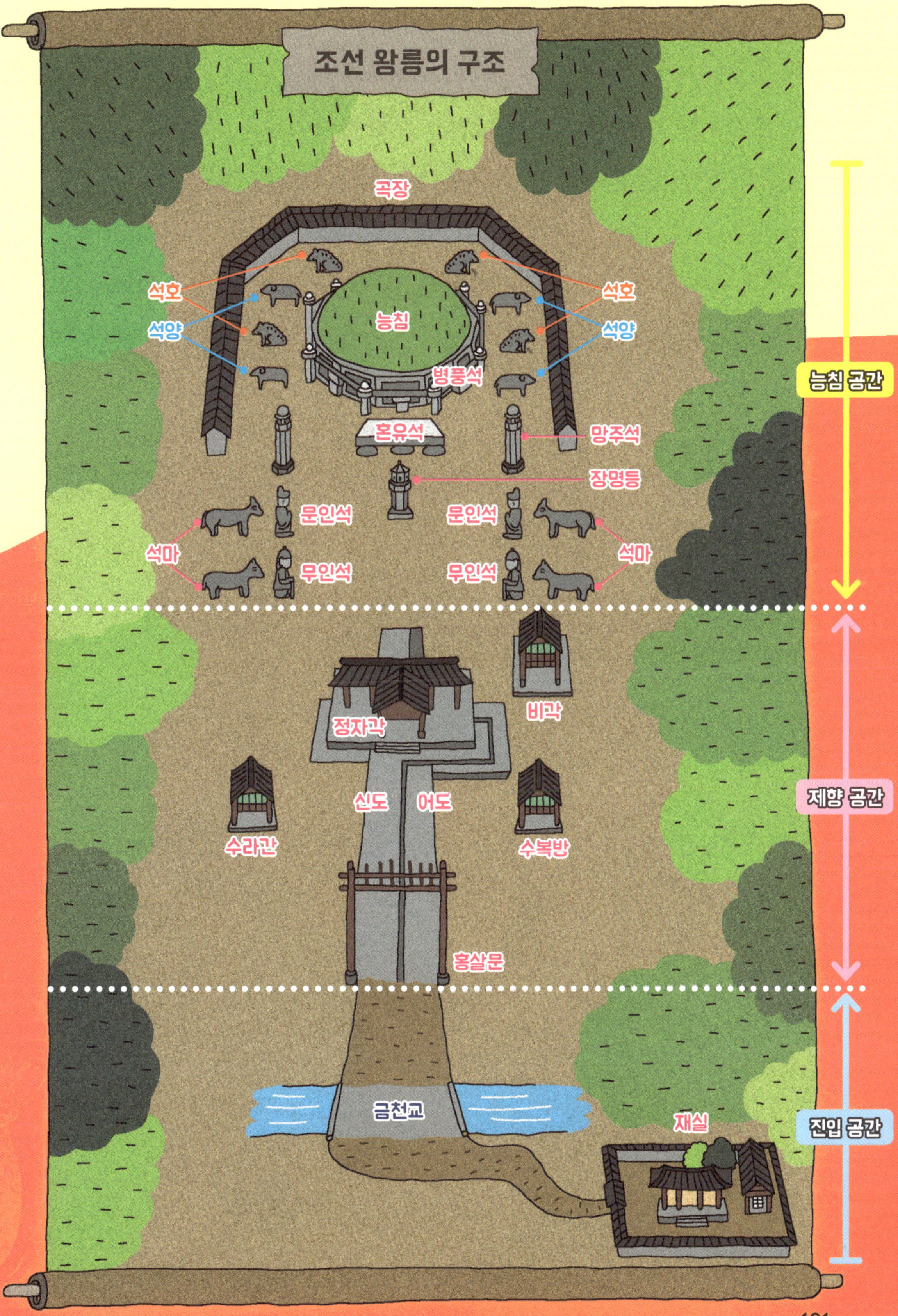
조선 왕릉의 구조
곡장
석호
석양
능침
병풍석
혼유석
망주석
장명등
문인석
무인석
석마
능침 공간
정자각
비각
신도
어도
수라간
수복방
홍살문
제향 공간
금천교
재실
진입 공간

어떤 왕과 왕비가 잠들어 있을까요?

서울의 동쪽인 경기도 구리시에는 9기의 왕릉이 모여 있어 '동구릉'이라고 불러요. 태조, 문종, 선조, 현종, 영조, 헌종, 문조 등 7명의 왕과 10명의 왕후가 잠들어 있는 조선 최대의 왕릉군이에요. 이 중에서 태조 이성계의 건원릉이 가장 먼저 조성되었고, 문조의 수릉이 맨 나중에 옮겨졌어요. 숭릉과 원릉은 두 개로 만든 쌍릉이며, 경릉은 세 능이 이어져 있는 유일한 삼연릉이고 수릉은 함께 묻은 합장릉이에요.

융릉은 영조에게 미움을 사 뒤주에 갇혀 죽은 사도 세자와 혜경궁 홍씨의 합장릉이에요. 원래는 경기도 양주에 무덤을 만들고 영우원이라고 불렀으나 정조가 즉위한 뒤 수원의 화산으로 옮기고 현륭원이라고 불렀어요. 효심이 깊은 정조는 최고의 명당자리를 골라 공을 들여 능을 만들었지요. 이후 고종 때 융릉으로 높여 불렀어요. 정조는 아버지 가까이에 있기를 바라서 죽은 뒤 융릉 근처에 묻혔어요. 이 무덤을 건릉이라고 하고, 융릉과 건릉을 합쳐 '융건릉'이라고 불러요.

세계 유일의 행사 기록 〈조선왕실의궤〉

왕실의 행사를 생생하게 담아냈어요

〈조선왕실의궤〉는 조선 왕실의 행사 내용을 글과 생생한 그림으로 정리한 책이에요. 유교 사회였던 조선은 의례와 절차를 매우 중요하게 여겼어요. 그래서 나중에 참고하기 위해서 모든 의례 절차를 꼼꼼하게 기록한 책을 만들도록 했지요. 왕실의 탄생이나 책봉, 즉위, 혼례, 장례, 건축 등 내용도 다양하답니다. 〈조선왕실의궤〉는 3,895책이 넘고, 서울대학교 규장각 한국학연구원에 보관되어 있어요. 또한 프랑스 국립 도서관과 일본 궁내청 등지에도 보관되어 있지요.

조선 시대에는 행사를 치를 때 먼저 임시 기구인 도감을 만들어서 행사를 지휘하도록 했어요. 그리고 행사를 시작할 때부터 끝날 때까지 날짜와 시간에 따라 자세히 내용을 정리했어요. 〈조선왕실의궤〉는 모든 내용을 손으로 써서 보통 5~9부 정도를 만들어 여러 곳에 나누어 보관했어요. 왕에게 바치는 것은 비단으로 표지를 만들었고, 궁중에 보관하다가 정조 때부터는 강화도 외규장각에 보관했지요.

조선 화원들의 뛰어난 솜씨가 담겨 있어요

〈조선왕실의궤〉에서 행사 장면을 그린 그림을 '반차도'라고 해요. 관리들의 위치나 행사에 쓰인 도구, 의복들이 생생하게 그려져 있지요. 반차도는 위에서 내려다보거나 앞뒤에서 본 것을 그린 그림으로 한눈에 이해할 수 있어요. 그림을 맡은 곳은 왕실 소속의 도화서였어요. 조선 시대 대표적인 화가 안견, 김홍도, 신윤복 등이 도화서에 소속되어 있었지요. 이처럼 뛰어난 실력을 지닌 화원들이 그렸기 때문에 완성도가 높아요.

1866년 병인양요 때 강화도 외규장각에 보관된 중요한 기록들을 많이 약탈당했는데, 〈조선왕실의궤〉도 이때 빼앗겼어요. 〈직지심체요절〉을 발견하고 알렸던 박병선은 프랑스 국립 도서관 베르사유 별관 창고에서 〈조선왕실의궤〉를 발견했어요. 먼지를 뒤집어쓰고 있던 〈조선왕실의궤〉는 그로부터 한참 뒤인 2011년 우리나라에 돌아왔지만 프랑스에서 대여하는 식으로 반환되었지요.

조선 왕조의 모든 것 〈조선왕조실록〉

500년에 걸친 조선 왕조의 기록이에요

조선은 태조 이성계가 나라를 세우고 순종 때까지 518년이나 이어졌어요. 모두 27명의 왕이 바뀌었지요. 왕의 곁에는 항상 사관이 머물면서 왕이 한 말이나 행동, 관리들에 대한 내용을 있는 그대로 공정하게 기록했어요. 그걸 '사초'라고 하는데, 실록은 왕이 죽은 뒤 사초와 여러 자료를 참고해서 편찬해요. 이러한 기록은 왕이 마음대로 보거나 내용을 바꿀 수 없었지요. 〈조선왕조실록〉은 당시 일어난 일들을 연월일 순서로 기록했는데, 이렇게 역사를 기록하는 방식을 '편년체'라고 해요. 전체 분량은 1,893권, 888책이에요. 〈조선왕조실록〉은 대체로 활자로 인쇄했는데, 조선의 인쇄술이 얼마나 뛰어났는지 알 수 있지요. 〈조선왕조실록〉은 왕에게 올리는 어람용과 보관용으로 2~3권을 만들었어요. 어람용은 비단으로 표지를 장식하여 고급스럽게 만들었지요.

왕실이나
백성에 관한 일,
자연 현상까지
빠짐없이
기록되어 있군!

〈조선왕조실록〉은 어디에 보관할까?

각 왕의 기록은 〈태조실록〉, 〈정조실록〉처럼 'ㅇㅇ실록'이라고 불러요. 하지만 실록 대신 '일기'로 불리는 것도 있어요. 조선의 왕 중에서 '종'이나 '조'로 부르지 않는 왕이 두 명 있는데, 바로 연산군과 광해군이지요. 왕의 자리에서 쫓겨나서 이때의 기록은 〈연산군일기〉, 〈광해군일기〉로 부른답니다. 〈연산군일기〉와 〈광해군일기〉도 〈조선왕조실록〉에 포함되지만 〈고종실록〉과 〈순종실록〉은 포함되지 않아요. 일제에 주권을 빼앗긴 시기로 일본이 주도해서 쓴 내용이라 사실과 다른 부분이 많거든요.

〈조선왕조실록〉은 사고를 만들어서 안전하게 보관했어요. 하지만 전쟁이나 난리가 나면 여러 곳에 사고를 만들어 여러 번 옮겨 보관했답니다. 또한 사고에 보관하는 실록은 3년에 한 번 밖으로 꺼냈는데, 바로 포쇄★를 하기 위해서예요. 주로 봄이나 가을 무렵 날씨가 좋은 날을 잡아서 했는데, 덕분에 600년이 지난 지금까지 잘 보존될 수 있었지요.

★**포쇄** 벌레와 습기를 막기 위해 햇볕에 말리고 바람을 쐬는 작업이에요.

우리 유산 배움터

방대한 왕조의 기록 〈승정원일기〉

승정원은 왕의 비서실 같은 곳이에요. 〈승정원일기〉는 왕의 일상을 일기 형식으로 기록한 것으로 〈승정원일기〉 기록 담당 관리인 주서가 세세하게 적었어요. 왕에게 올리는 문서와 사건뿐만 아니라 왕실의 비밀들도 담겨 있지요. 선조 때 왕이 침을 맞고 있는데 유근이라는 신하가 방귀를 뀌었다는 내용도 기록되어 있어요.

조선 왕조의 시작부터 멸망까지 이어진 〈승정원일기〉의 내용은 〈조선왕조실록〉과 함께 조선의 모습을 살필 수 있는 중요한 기록이에요.
〈승정원일기〉는 전쟁과 난리를 겪으면서 불에 타 많은 기록이 사라지고 말았어요. 그럼에도 불구하고 분량은 3,243책이나 되어 〈조선왕조실록〉의 다섯 배 정도라고 하니 어마어마하지요?
〈승정원일기〉에는 이웃 나라인 중국과 일본 등에 대한 내용도 담겨 있어 당시 조선의 외교 상황도 알 수 있어요.

우리 유산 놀이터

다양한 문화유산을 통해 조선 시대의 모습을 자세히 살펴보았어요. 다음 장면 속에 숨어 있는 그림을 다섯 개 찾아보아요.

(숨은 그림: 빗자루, 새, 버섯, 물고기, 숟가락)

조선 시대에는 한글이 발명되면서 일반 백성들도 글을 읽고 쓸 수 있게 되었어요. 그러다 조선 후기에 경제적으로 여유가 생기면서 서민들도 다양한 문화를 즐기기 시작했어요. 덕분에 풍속화, 한글 소설, 판소리, 남사당놀이 등 서민 문화가 꽃피었지요. 예로부터 이어져 온 우리나라의 문화는 오늘날 세계에서 인정받고 있어요.

방방곡곡 꽃피는 백성의 웃음

백성을 위한 새로운 글자 훈민정음

세계적으로 인정받는 과학적인 글자

자기 나라의 고유한 문자를 가진 나라는 많지 않아요. 우리나라도 조선 시대까지 중국의 한자를 빌려 썼어요. 그런데 한자를 배우려면 시간이 오래 걸리고 어려워서 글을 몰라 억울한 일을 당하는 사람이 많았어요. 그래서 세종 대왕은 소리 나는 대로 적을 수 있는 '훈민정음'을 만들었어요. 한글은 가장 과학적이며 어떤 발음도 표기할 수 있는 뛰어난 글자라는 찬사를 받고 있지요.

세종 대왕은 학문 연구 기관인 집현전을 두고 유능한 학자들을 뽑아 쉬운 글자를 연구하도록 했어요. 훈민정음도 세종 대왕과 집현전 학자들이 함께 만들었는데, '백성을 가르치는 올바른 소리'라는 뜻이지요. 훈민정음은 자음 17자와 모음 11자를 더해 모두 28자였어요. 하지만 그중에서 잘 쓰지 않는 된이응, 옛이응, 반치음, 아래아 4개의 글자는 사라졌어요.

훈민정음을 지키려는 노력

〈훈민정음〉은 훈민정음에 대한 설명서이기도 해서 〈훈민정음해례본〉이라고도 불러요. 훈민정음을 만든 목적과 28자에 대한 소개와 표기법, 예시 등이 담겨 있어요. 일제 강점기에는 우리말과 글을 쓰지 못하게 했어요. 일제의 문화재 약탈에 맞서 우리 문화재를 수집하던 간송 전형필은 〈훈민정음해례본〉을 한국 전쟁 피란 때도 가지고 다닐 정도였어요. 덕분에 오늘날까지 전하고 있답니다.

유네스코에서는 문맹★을 퇴치하는 데 공을 세운 사람이나 단체를 선정해 상을 주는데 그 상의 이름은 '세종 대왕 문해상'으로 세종 대왕의 이름이 붙어 있어요. 한편 인도네시아의 찌아찌아족은 고유 문자가 없어 한글을 도입해 전통 언어를 보존하는 도구로 쓰고 있어요. 오늘날 한국 문화에 대한 관심이 높아지면서 한국어를 제2 외국어로 채택하는 나라들도 늘고 있답니다.

★**문맹** 글을 모르는 것을 말해요.

동양 최고의 의학서 〈동의보감〉

전쟁으로 고통받는 백성들을 위해 만들었어요

임진왜란이 일어났을 때 선조 곁에는 왕과 왕족의 병을 치료하는 어의인 허준이 있었어요. 허준에 대해서는 자세한 기록이 남아 있지 않지만 의술이 몹시 빼어나기로 유명해요. 전쟁이 끝나고 선조는 다치거나 병에 걸린 백성들을 보고 허준에게 의학서를 쓰도록 했어요. 이 일은 1596년에 시작했는데 정유재란이 일어나면서 중단되었어요. 전쟁이 끝난 뒤 다시 작업에 들어가 1610년에야 완성할 수 있었지요.

〈동의보감〉은 '동양 의술의 보배로운 거울'이라는 뜻이에요. 모두 5편 25책으로 구성되어 있으며 사람의 몸과 각종 병에 대한 내용이 세세하게 담겨 있어요. 2천 가지가 넘는 증상과 4천여 가지의 처방을 잘 정리해 놓았기 때문에 백성들도 쉽게 찾아볼 수 있었지요. 〈동의보감〉은 중국, 일본, 대만, 베트남에도 전해졌으며 '동양 최고의 의학서'로 불린답니다.

〈동의보감〉은 어떻게 구성되었을까요?

〈동의보감〉은 내경, 외형, 잡병, 탕액, 침구의 5편으로 구성되어 있어요. 내경 편은 몸속의 장기 등에 대한 내용이, 외형 편은 눈에 보이는 몸의 부위에 대한 내용이 담겨 있어요. 잡병 편은 병의 원인과 증상 그리고 다양한 치료 방법을 소개해요. 탕액 편에는 약재를 구하는 방법, 침구 편에는 침과 뜸에 대한 내용이 담겨 있지요.

〈동의보감〉은 백성들이 실제로 쓸 수 있는 쉬운 치료법 위주로 알려 주었어요. 약재를 소개할 때도 수입해야 하거나 값비싼 약재보다는 백성들이 쉽게 구할 수 있는 것으로 알려 줘 실생활에 도움이 되었지요. 약초 이름이 한자일 경우에는 한글로 설명을 써 놓았어요. 또한 몸이 병들기 전에 건강하게 유지할 수 있는 방법을 강조했어요. 이걸 '예방 의학'이라고 하지요.

한국의 역사 마을, 하회와 양동

배산임수의 조화로운 마을이에요

같은 성을 가진 사람들이 모여 사는 마을을 '집성촌'이라고 해요. '씨족 마을'이라고도 부르지요. 가족이나 친척을 비롯한 같은 성씨들이 모여 살며 단합이 잘되고 전통을 잘 유지할 수 있어요. 그 대신 새로운 의견을 내기 힘들고 위아래가 분명한 위계질서에 따라야 한다는 단점도 있지요.

우리나라에는 수백 년 동안 이어져 온 씨족 마을이 있어요. 바로 경상북도 안동의 하회 마을과 경주의 양동 마을이에요.

하회 마을과 양동 마을은 산을 등지고 앞으로 물이 흐르는 배산임수 지형이에요. 마을 농경지 등의 생산 영역과 살림집 등의 생활 영역, 종갓집 등의 의식 영역으로 나뉘어 있어요.

두 마을은 조선 시대 초기에 형성되었는데, 오늘날에도 여전히 전통 마을의 모습을 간직하고 있어요. 특히 하회 마을에서는 하회 별신굿 탈놀이와 선유 줄불놀이★와 같은 전통놀이가 오늘날까지 전하고 있답니다.

★**줄불놀이** 숯가루를 넣은 주머니를 강 사이에 달아 놓고 불을 붙여 불꽃놀이를 즐기는 민속놀이예요.

물이 돌아 흐르는 하회 마을

하회 마을은 낙동강이 마을을 감싸며 돌고 있어서 물이 돌아 흐른다는 뜻의 '하회'라는 이름이 붙었어요. 하회 마을에는 풍산 류씨가 모여 살았어요. 대표적인 인물로 조선 시대에 영의정을 지냈으며 이순신을 장군으로 추천한 류성룡이 있지요. 양반가의 모습을 살필 수 있는 풍산 류씨 종가인 양진당은 원래 99칸으로 지어졌는데 지금은 53칸이 남아 있어요. 류성룡이 태어난 집인 충효당을 비롯해 마을 곳곳에서 조선 시대 모습을 볼 수 있어요.

양진당

충효당

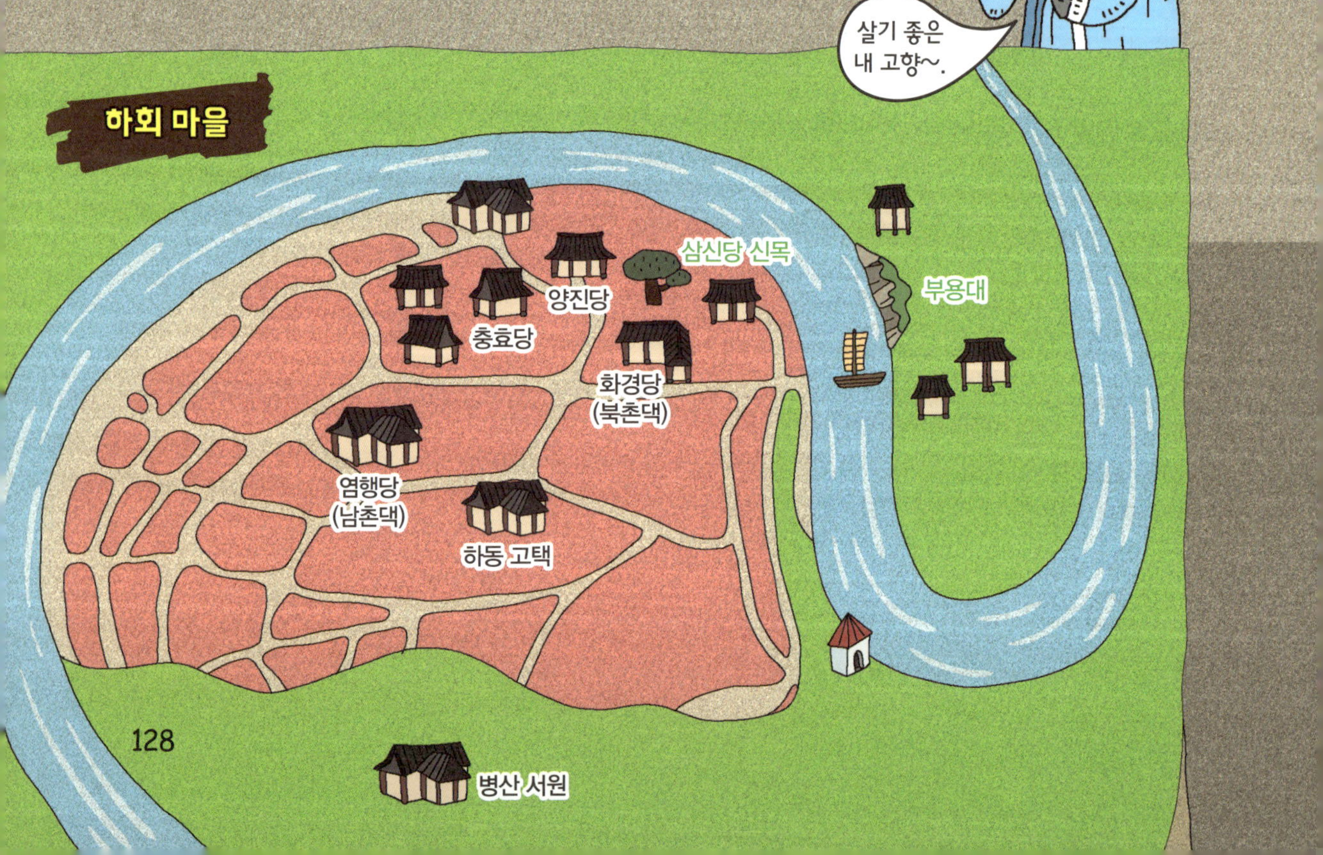

자연과 전통이 공존하는 양동 마을

양동 마을은 경주에서 동북쪽으로 약 20킬로미터 정도 떨어져 있어요. 일제 강점기에 양동 마을을 가로질러서 경동선 철도를 놓으려는 시도가 있었어요. 하지만 주민들의 강한 반대로 철도는 형산강 쪽으로 빙 돌아서 지나가게 되었지요. 덕분에 오늘날까지도 여주 이씨의 종갓집인 무첨당, 조선 중기 남부 지방의 주택을 잘 보여 주는 관가정 등의 고택과 아름다운 자연환경이 보존될 수 있었답니다.

노래와 춤, 연극이 어우러진 판소리

고수의 장단에 맞추어 소리를 해요

판소리는 소리꾼의 노래와 이야기, 그리고 고수의 북장단이 어우러지는 민속 음악이에요. 소리꾼의 노래는 '창', 노래 사이에 하는 이야기는 '아니리'라고 해요. 그리고 손동작을 하거나 몸짓은 '발림' 또는 '너름새'라고 해요. 그래서 판소리는 음악, 문학, 연극의 성격을 가지고 있다고 말하지요. 소리꾼은 짧게는 3시간에서 7시간이 넘게 소리를 해요. 이렇게 판소리 한 마당을 끝까지 하는 걸 '완창'이라고 하지요.

고수의 장단은 내용에 따라 빨라지기도 하고 느려지기도 해요. 가장 빠른 장단인 휘모리장단에서부터, 자진모리, 중중모리, 중모리, 가장 느린 진양조장단까지 내용에 따라 장단을 바꾸며 긴장감을 주지요. 그래서 고수는 마치 지휘자와도 같아요. 청중들은 "얼씨구, 좋다!" 하고 추임새를 넣으며 함께 공연을 즐겨요. 추임새는 혼자서 긴 시간 소리를 하는 소리꾼에게 기운을 북돋우고 소리에 재미를 더하지요. 이렇게 판소리는 소리꾼, 고수, 청중 세 가지가 잘 어우러져야 해요.

판소리 다섯 마당을 알아보아요

판소리는 원래 길이가 짧고 모두 열두 마당이 있었어요. 〈춘향가〉, 〈심청가〉, 〈수궁가〉, 〈흥부가〉, 〈적벽가〉, 〈배비장 타령〉, 〈변강쇠 타령〉, 〈장끼 타령〉, 〈옹고집 타령〉, 〈무숙이 타령〉, 〈강릉 매화 타령〉, 〈가짜 신선 타령〉 등이지요. 하지만 오늘날에는 충성, 효도, 의리, 정절 등을 담은 〈춘향가〉, 〈심청가〉, 〈흥부가〉, 〈수궁가〉, 〈적벽가〉 다섯 마당으로 정리되었어요.

판소리는 서민이나 양반들의 이야기를 담고 있으며 남녀노소 누구나 신분에 상관없이 즐기는 예술이었어요. 전라도 서쪽 지역의 여성적이면서 섬세한 소리는 서편제, 전라도 동쪽 지역의 크고 우렁찬 소리는 동편제, 경기도와 충청도 지역의 중고제로 나누어요. 소리꾼은 '소리를 얻는다'라는 뜻의 '득음'을 하기 위해서 목에서 피가 날 정도로 고달픈 훈련을 견뎌요. 마침내 득음을 하면 판소리 명창으로 인정받지요.

덩실덩실 울고 웃는 남사당놀이

남사당패가 장터에서 판을 벌여요

조선 시대에는 떠돌아다니며 노래와 춤, 재주를 부리는 무리가 있었어요. 이들은 '남사당패'라고 불렸는데, 주로 북적이는 장터에서 판이 벌어졌지요. 모두 남자들로 이루어졌고 보통 40~60명 정도였어요. 남사당은 갈고닦은 재주를 여러 마을을 떠돌며 보여 주고 음식과 돈을 받아서 생활했지요.

남사당의 우두머리는 '꼭두쇠'라고 불렸어요. 가장 실력이 뛰어난 사람을 다수결로 뽑았어요. 꼭두쇠 다음으로 곰뱅이쇠, 뜬쇠, 가열, 삐리 순이었지요. 곰뱅이쇠는 마을에 들어가기 전 공연을 허락받는 일과 남사당패의 음식을 책임졌어요. 뜬쇠는 각 놀이의 책임자라고 할 수 있어요. 가열은 어느 정도 놀이를 할 수 있는 능력을 갖춘 사람이고, 삐리는 신입으로 놀이를 배우면서 심부름을 하는 사람이에요.

편견을 깬 여자 꼭두쇠 바우덕이

바우덕이는 아버지가 죽은 뒤 다섯 살 때부터 남사당패 손에 자라게 되었어요. 그러면서 자연스럽게 악기를 연주하고 재주 부리는 법을 배웠지요. 바우덕이는 춤과 노래, 연기 실력이 뛰어나 인기가 많았어요. 그래서 원래 남자들만 있는 남사당패에서 최초의 여자 꼭두쇠가 되었어요. 그때 바우덕이의 나이는 열다섯 살이었지요. 바우덕이의 남사당패는 전국 어디에서나 큰 환영을 받았어요.

남사당놀이는 풍물, 버나, 살판, 어름, 덧뵈기, 덜미의 여섯 가지 놀이로 구성되어 있어요. 풍물은 꽹과리, 징, 장구를 치면서 사람들을 모으고 흥을 돋워요. 버나는 사발이나 대접 등을 긴 막대기로 돌리는 묘기예요. 살판은 멍석 위에서 재주를 부리는 것을 말해요. 어름은 줄타기로 외줄 위에서 걷거나 뛰거나 묘기를 부리지요. 덧뵈기는 탈춤으로 사회를 풍자하는 내용을 주로 다루었어요. 덜미는 꼭두각시놀이로 검은 천을 씌운 무대 위에서 인형극을 선보여요.

한옥의 아름다움을 전하는 대목장

나무로 건물을 짓는 사람들

나무로 지은 건물은 세월이 흐를수록 삭기★ 쉽고 전쟁으로 불에 타 버리기도 해 보존이 쉽지 않아요. 하지만 놀랍게도 조선 시대에 지은 목조 건물들이 지금도 많이 남아 있어요. 이렇게 나무로 집을 짓는 사람을 '대목장'이라고 불러요. '목수 중에서 우두머리'라는 뜻이지요. 대목장은 집을 설계하고 완성할 때까지 모든 일을 관리하고 책임져요.

★**삭다** 물건이 오래되어 본래 모습이 변하거나 썩은 것처럼 된 것을 말해요.

대목장이 되려면 오랜 수련이 필요해요. 그리고 나무에 대해서도 잘 알아야 하지요. 좋은 나무로 지은 집은 천 년 동안이나 끄떡없다고 해요. 대목장은 전국을 다니면서 나무를 찾는데, 나무를 베기 전에는 술과 음식으로 고사를 지낸 다음 "어명이오!"라고 외친 뒤 나무를 베어요. 나무의 혼을 달래는 의식이래요. 대목장은 건물을 짓는 것뿐만 아니라 건물의 배치와 기와, 단청까지도 관리했어요.

한옥을 짓는 기술과 도구

한옥은 못을 박지 않고 이음과 맞춤으로 지었어요. 집터를 다진 뒤 주춧돌 위에 기둥을 세우고, 지붕을 떠받치기 위해 기둥과 기둥 사이 위쪽에 보를 올려요. 그중에서도 큰 보를 '대들보'라고 해요. 지붕을 얹기 위해서는 다시 도리를 얹어야 하고, 기둥·보·도리의 연결 부분에는 '공포'라는 받침목을 대었어요. 이런 과정은 전부 대목장이 책임지고 관리해요. 그 외에 문이나 창문, 집 안 곳곳의 가구 등은 '소목장'이 책임지지요.

한옥을 지을 때는 나무와 나무가 연결되는 부분을 홈을 파서 연결하기 때문에 정확하게 다듬는 것이 중요해요. 그러려면 나무를 다룰 때 쓰는 도구에 대해서 잘 알아야 해요. 나무를 자르는 톱, 나무를 다듬는 자귀, 나무를 매끈하게 깎아 내는 대패, 홈을 팔 때 쓰는 끌 등 다양한 도구를 이용하니까요. 오늘날에는 나무보다는 콘크리트를 이용해서 집을 짓기 때문에 대목장은 주로 문화재를 복원하는 등의 일을 맡고 있답니다.

민족을 하나로 모으는 노래 아리랑

우리나라를 대표하는 민요예요

"아리랑~ 아리랑~ 아라리요."

구슬픈 가락이 마음을 울리는 아리랑은 우리나라의 대표적인 민요예요. 전국에 전하는 아리랑이 3,600곡이 넘는다고 해요. 원래 아리랑은 강원도 주변 지역의 향토 민요였어요. 나무를 하거나 나물을 캘 때, 모를 심거나 밭을 맬 때, 가족들이 모여 어울려 놀 때 부르던 노래였지요. 남녀노소 누구나 부르면서 즐길 수 있고 가사를 바꾸어 부르기도 했어요.

일제 강점기에 일본이나 러시아, 중국으로 건너간 사람들은 아리랑을 부르며 자신의 뿌리를 잊지 않으려 했어요. 각 지역에서도 보존회를 만들어서 지역의 개성 있는 아리랑을 지켜 나가고 있지요. 아리랑은 국가의 중요한 행사에서도 자주 불려요. 강원도의 〈정선 아리랑〉, 호남 지역의 〈진도 아리랑〉, 경상남도의 〈밀양 아리랑〉이 특히 유명하지요.

희로애락이 담긴 아름다운 노래

아리랑은 선율이 반복되며 따라 부르기도 쉬워요. 아리랑에서 반복되는 '아리랑, 아리랑, 아라리요. 아리랑 고개를 넘어간다' 부분은 '후렴'이라고 하고, 다음에 나오는 가사를 '사설'이라고 부르지요. 사설은 주로 일반인들이 공감할 만한 내용이에요. 사랑과 이별, 시집살이, 나라를 빼앗긴 설움 등 희로애락이 담겼지요. 아리랑은 영화나 연극, 상품명이나 상호 등 다양하게 활용되었어요. 일제 강점기의 배우이자 감독인 나운규는 직접 각본을 쓰고 감독을 맡아 영화 '아리랑'을 만들었어요.

1926년 단성사에서 개봉한 '아리랑'은 일제의 탄압에 숨죽이고 있던 우리 민족에게 깊은 감동을 주며 크게 흥행했어요. 일제에 저항하는 정신을 담고 있어 영화가 끝나고도 많은 사람이 눈물을 흘리면서 아리랑을 따라 불렀대요. 나운규는 함경도에서 철도를 놓던 일꾼들이 부르는 아리랑을 듣고 영화를 만들었다고 해요.

밝은 대보름날 즐기는 강강술래

손을 잡고 빙빙 돌아요

강강술래는 크게 원을 만들어 손을 잡고 빙빙 돌면서 노래를 부르는 민속놀이예요. 우리나라 남해안 지역에서 전하는 놀이로, 달이 밝은 정월 대보름이나 추석날 밤에 주로 했지요.

강강술래 노래를 부르며 돌다가 남생이놀이, 고사리꺾기, 청어엮기, 기와밟기, 덕석몰이, 쥔쥐새끼놀이와 같은 놀이도 했어요.

강강술래는 고대 마한에서 제사를 지낼 때 춤추고 노래하던 것에서 유래했어요. 씨를 뿌리는 봄과 수확을 하는 가을에 하늘에 감사하며 땅을 밟는 춤을 추었지요. 조선 시대에는 전쟁 때 강강술래를 이용하기도 했다고 해요. 임진왜란 때 이순신 장군은 적은 수로 많은 적군을 상대해야 하자 여성들에게 군복을 입히고 강강술래를 하도록 했대요. 모닥불을 피운 산봉우리에서 빙빙 돌면서 춤추는 모습을 보고 왜군은 군사가 엄청 많다고 착각해 도망쳤다 하지요.

느리게 빠르게, 장단에 따라 달라요

강강술래는 정해진 가사가 없어요. 농촌에서는 풍년을 기원하고 어촌에서는 고기가 잘 잡히기를 바라는 내용으로 불렀어요. 한 사람이 민요 같은 것을 앞서 부르면 모든 사람이 후렴으로 '강강술래' 하고 받았지요.

느린 장단의 긴강강술래에서 중강강술래, 자진강강술래 순으로 빨라지지요. 장단이 빨라지면 빙빙 도는 속도도 빨라져요.

고사리꺾기 산에서 고사리를 꺾는 모습에서 유래했어요.

쥔쥐새끼놀이 쥐들이 어미를 따라 한 줄로 뒤따르는 모양을 흉내 내며 놀아요.

강강술래는 여성들이 즐기던 놀이였어요. 과거 여성들은 목소리를 크게 내지도 못했고, 어두워지면 바깥에 나가지도 못했어요. 하지만 강강술래를 할 때만큼은 밤새도록 자유롭게 놀 수 있었답니다. 곱게 한복을 차려입은 여성들은 편평한 터에 모여서 손을 잡고 둥글게 서서 강강술래를 즐겼어요. 인원은 정해져 있지 않았고 작은 원으로 시작했다가 점점 크게 만드는 등 모양에 변화를 주면서 신나게 즐겼지요.

남생이놀이 선소리꾼이 '남생아 놀아라'를 부르면 춤을 잘 추는 몇 명이 원 안으로 들어가 춤추면서 놀아요.

청어엮기 청어를 엮듯이 서로 잡고 있는 손 사이를 꿰어 가는 놀이예요.

기와밟기 허리를 굽히고 늘어선 대열의 등을 밟고 건너는 놀이예요.

김장, 김치를 담그고 나누는 문화

한식을 대표하는 음식은 바로 김치!

한식 하면 떠오르는 음식은 불고기, 비빔밥, 된장찌개, 떡볶이 등 아주 많아요. 그중에서도 밥상에 빠지지 않는 음식이 바로 김치예요. 김치는 만드는 재료에 따라 종류가 무수히 많아요. 가장 대표적인 배추김치부터 무를 깍둑 썰어 만드는 깍두기, 시원한 국물에 무를 넣어 만드는 동치미, 고춧가루를 적게 써서 담그는 백김치, 오이로 만드는 오이소박이 등이 있지요.

김치는 발효 음식으로 유산균이 풍부하고, 채소를 먹기 힘든 겨울에도 먹을 수 있어 비타민을 비롯한 여러 영양소를 섭취할 수 있다는 장점이 있어요.

우리나라에서는 겨울을 앞두고 오랫동안 두고 먹기 위해 김치를 담갔어요. 그걸 '김장'이라고 불러요. 김장을 할 때는 많은 양을 한꺼번에 하기 때문에 여러 사람이 필요해요. 그래서 가족과 친척들이 모여서 하거나 마을 사람들이 함께 김장을 하고 김치를 나누어 먹지요.

다 함께 김치를 담가요

배추김치를 담그기 위해서는 알이 찬 배추를 잘라서 소금물에 잘 절여야 해요. 배추를 절일 때는 골고루 절여지도록 아래위로 뒤엎어 주면 좋아요. 절인 배추는 깨끗한 물에 여러 번 씻어 소금기를 없애고 물을 빼야 해요. 그동안 고춧가루, 새우젓, 마늘, 양파, 생강, 파, 무 등으로 양념을 만들어요. 배추에 물기가 빠지면 배춧잎 하나하나 양념을 바르고 잎을 정리해 차곡차곡 통에 넣어요. 김치를 담그는 방식은 지역마다, 집집마다 달라요.

김치 담그는 법

1 배추를 2~4조각으로 잘라요.

2 소금을 뿌려 하룻밤 정도 절여요.

3 무채, 다진 마늘, 생강, 젓갈, 파 등의 재료를 고춧가루와 버무려 김칫소를 만들어요.

4 절인 배추를 여러 번 씻고 물기를 빼요.

5 배춧잎을 들춰 가며 김칫소를 넣어요.

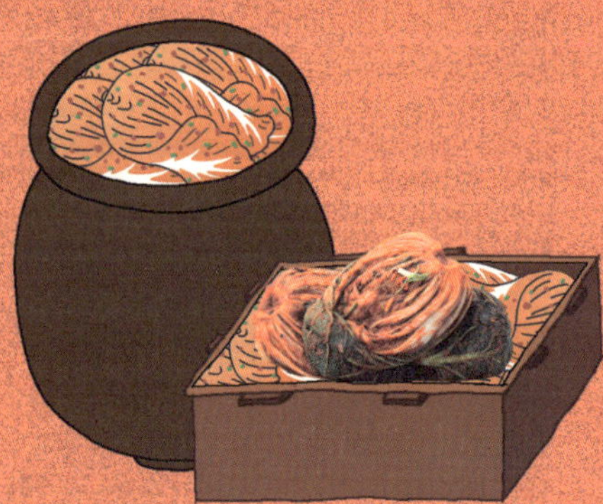

6 담근 김치를 저장해요.

과거에는 김장을 한 다음 김치를 땅속에 보관했어요. 땅을 깊이 파서 김치 항아리를 묻었는데, 온도를 일정하게 유지하기 위해서였지요. 오늘날에는 김치를 알맞게 숙성하고 관리할 수 있는 김치냉장고에 보관해요.
김치냉장고는 김치가 맛있는 온도를 유지하며, 오랫동안 맛 좋은 김치를 먹을 수 있는 특별한 냉장고로 우리나라에서 개발되었어요.

우리 유산 배움터

동북 공정, 우리 역사를 바로 알자!

중국이 "한복은 중국 소수 민족의 의상이다.", "김치의 원조는 중국이다."라는 주장을 해서 언론이 떠들썩할 때가 있어요. 이런 뉴스가 나올 때 함께 나오는 말이 '동북 공정'이에요. 중국은 동북쪽 지역의 역사에 대해서 모두 중국 역사라고 주장하고 있어요. 중국이 말하는 동북쪽은 과거 고구려의 땅이었고, 일제 강점기 조선족들이 살던 조선족 자치구에 해당해요.

우리나라와 중국은 맞붙어 있기 때문에 과거부터 많은 영향을 주고받았어요. 하지만 그 안에서 저마다 고유한 문화를 유지하며 발전시켜 왔지요. 의복이나 음식 문화에서 중국과 한국은 많은 차이가 있어요. 그런데 우리나라 문화가 세계에서 주목받자 중국에서는 한국 문화를 자기네 것으로 소개하기도 해요. 또한 고구려가 중국의 역사라거나 윤동주 시인을 중국인으로 소개하기도 하지요. 그러므로 우리 스스로가 우리 문화를 잘 알고 지키며 더욱 알려야 해요.

우리 유산 놀이터

우리 문화유산에 대해 살펴본 내용으로 보드게임을 해 보세요. 주사위를 던지고 나온 수만큼 말을 움직여요. '미션'을 해결하면 점수를 얻고, 해결을 못 하면 0점이에요. 도착점에 가서 점수를 더한 뒤 순위를 정해요.

준비물: 주사위, 말

4 조선 왕조 500년이 기록된 역사책은?
5점

5 조선 시대 최초의 정식 궁궐은?
10점

6 두 칸 뒤로 가기
3점

7 초성 퀴즈
ㅅ ㅇ ㅎ ㅅ
10점

8 황금 점수
5점

9 우리 문화유산 세 가지 말하기
100점

10 초성 퀴즈
ㅎ ㅁ ㅈ ㅇ
10점

11 허준이 쓴 동양 최고의 의학서는?
10점

12 노래와 춤, 연극이 어우러진 우리 소리는?
5점

13 황금 점수
5점

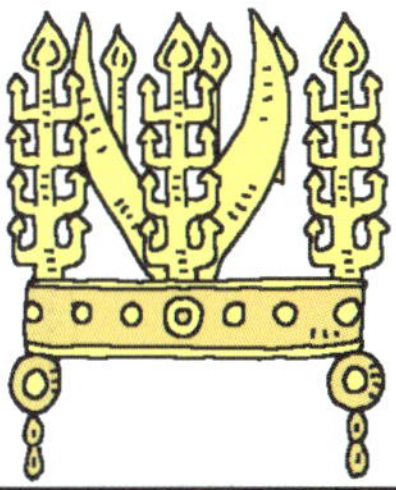

거대한 돌로 만든 무덤인 고인돌은 전 세계 가운데 우리나라에서 가장 많이 볼 수 있어요. 선사 시대부터 남아 있는 신비로운 유적으로 우리가 지키고 보존해야 할 유산이지요. 뿐만 아니라 자연이 만들어 낸 아름다운 풍경도 보호가 필요해요. 화산 폭발로 만들어진 제주의 아름다운 오름과 동굴, 먼 거리를 이동하는 철새들이 쉬어 가는 서해안의 넓은 갯벌 등은 훼손되지 않도록 보호해야 하는 자연유산이에요.

아름답고 소중한 자연유산

신비로운 고창·화순·강화 고인돌 유적

지도자를 위해서 힘을 모아라!

구석기와 신석기 시대를 지나 청동기 시대에는 사람들이 모여 살면서 농사를 지었어요. 청동을 이용해서 무기와 도구를 만들기 시작하고, 사람들 사이에 지도자가 나타났지요. 우리나라 최초의 국가인 고조선이 등장하는 시기가 바로 청동기 시대예요. 청동기 시대에 만들어진 고인돌은 오직 사람의 힘으로 돌을 옮기고 흙을 파거나 덮어서 만들었어요. 돌을 옮길 때 많게는 수백 명이 힘을 모아야 할 정도였어요.

고인돌 말고도 세계 곳곳에서 큰 돌이 놓여 있는 유적을 만날 수 있어요. 영국의 스톤헨지와 이스터섬의 석상은 탁 트인 공간에 큰 돌이 우뚝 서 있지요. 이 돌들은 용도가 밝혀지지 않았지만 고인돌은 무덤일 가능성이 높아요. 왜냐면 덮개돌 아래에서 사람의 뼈와 검, 방울 등이 발견되었거든요. 세계에 남아 있는 고인돌의 절반 정도가 우리나라에 있어요. 게다가 대부분 온전한 모양으로 잘 보존되어 있지요. 그래서 많은 고인돌이 분포되어 있는 강화도, 전라북도 고창, 전라남도 화순의 고인돌 유적은 세계 문화유산으로 지정되었답니다.

고인돌은 어떤 모양인가요?

가장 일반적인 고인돌은 양쪽에 받침돌을 기둥으로 세우고 그 위에 커다란 덮개돌을 얹은 모습이에요. 고인돌은 모양에 따라 탁자식, 바둑판식, 개석식으로 나뉘어요.

높은 받침돌을 세우고 덮개돌을 올린 것이 탁자식이고 강화도에서 주로 볼 수 있어요. 땅에 구멍을 파고 돌로 방을 만든 다음 낮은 받침돌을 세우고 덮개돌을 올린 것은 바둑판식이에요. 고창이나 화순에서 많이 볼 수 있지요. 개석식은 구멍을 파고 돌로 방을 만든 다음 받침돌 없이 돌만 얹었어요.

고인돌을 만들려면 받침돌이 필요해요. 받침돌이 들어갈 정도로 구덩이를 파고 받침돌에 줄을 묶어요. 그리고 줄을 당겨서 받침돌을 세우지요. 양쪽에 받침돌을 세운 다음에는 받침돌의 키만큼 흙을 쌓아요. 그런 다음 덮개돌을 구해 흙으로 덮은 받침돌 위로 옮겨요. 그런 뒤 흙을 파내면 우리가 아는 고인돌의 모습이 완성돼요. 앞이나 뒤를 막음돌로 막기도 해요.

고인돌 만드는 과정

1 땅을 파고 받침돌을 세워요.

2 받침돌 주변에 흙을 경사지게 쌓아요.

3 덮개돌을 끌어 올려요.

4 채운 흙을 제거해요.

놀라운 제주 화산섬과 용암 동굴

화산이 폭발하면서 섬이 생겼어요

제주 화산섬과 용암 동굴은 화산 폭발로 만들어진 제주도의 아름다운 풍경 중에서도 한라산, 성산 일출봉, 거문오름 세 구역을 말해요. 지질학적 특성과 빼어난 아름다움을 인정받아 유네스코 세계 자연유산으로 등재되었어요. 특히 화산 폭발과 용암 분출로 생긴 제주 화산섬과 용암 동굴은 화산 활동과 지질학 연구에 많은 도움을 주고 있어요.

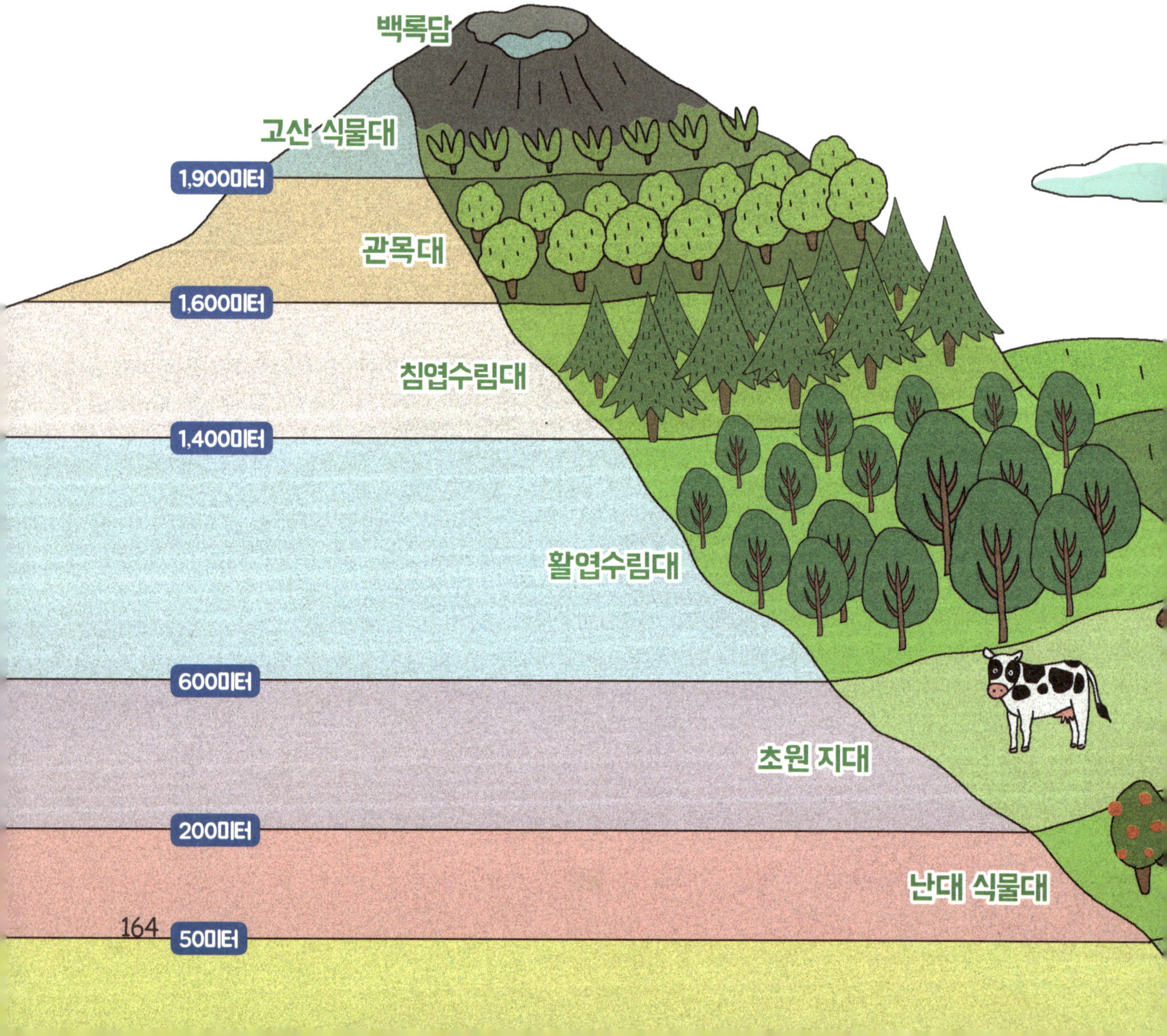

제주도의 한가운데에 있는 한라산은 약 1,950미터로 대한민국에서 가장 높은 산이에요. 한라산 봉우리에는 화산 폭발로 생긴 분화구에 물이 고인 백록담이 있어요. 그리고 구상나무를 비롯한 약 1,800종이나 되는 식물들과 산굴뚝나비, 노루, 곤줄박이, 알락하늘소 등 다양한 동물이 살고 있답니다. 한라산 주변에는 360개가 넘는 오름★이 있으며 화산 지형과 습지 등 놀라운 경관을 볼 수 있어 많은 사람이 찾는 곳이에요.

★**오름** 제주도에 분포한 기생 화산으로, 자그마한 산을 뜻해요.

용암으로 기이한 동굴들이 만들어졌어요

성산 일출봉 응회구는 얕은 바닷속에서 화산이 폭발해 바다 밖으로 솟아오르면서 만들어졌어요. 응회구는 엉겨 굳은 화산재 구덩이라는 뜻이지요. 가운데는 편평하고 가파른 절벽이 빙 둘러 있어 옆에서 보면 왕관처럼 보여요. 성산 일출봉은 사방이 트여 있어서 전망이 좋고 일출을 보기 좋지요.

거문오름 용암 동굴계는 10~30만 년 전 용암으로 만들어진 동굴을 말해요. 제주도에는 용암 동굴이 무수히 많은데 벵뒤굴, 만장굴, 김녕굴, 용천 동굴, 당처물 동굴이 유네스코에 등재되었어요. 천장과 바닥에 탄산염으로 만들어진 모양과 동굴 벽에 벽화처럼 독특한 문양이 만들어져 있는 것이 특징이에요. 비슷한 동굴계 중 세계에서 가장 아름답다는 평가를 받아요.

우리 유산 배움터

바다와 더불어 살아가는 제주 해녀 문화

제주도는 사면이 모두 바다로 둘러싸인 섬이어서 해산물을 잡아 생활하는 사람들이 많았어요. 남자들이 배를 타고 나가 고기를 잡으면 여자는 인근 바다에서 성게, 전복, 조개 등을 잡았어요. 이들을 '해녀'라고 해요. 해녀들은 검은 잠수복을 입고 산소통도 없이 바닷속을 누비며 해산물을 잡았어요. 각자 테왁이라는 작은 부표를 띄워 쉬거나 잡은 해산물을 주머니에 담아 두지요. 바다 위로 나올 때는 참은 숨을 내쉬며 휘파람 소리를 내는데, 이걸 '숨비소리'라고 해요.

해녀가 되기 위해서는 '애기바당'이라고 불리는 얕은 바다에서 훈련을 받아야 해요. 그리고 꼭 조를 이루어 함께 다니며, 욕심을 내지 않는 것을 배운답니다. 바닷속에서 욕심을 부리다 보면 목숨을 잃을 수도 있거든요.

해녀는 실력이 뛰어난 정도에 따라 상군, 중군, 하군으로 나뉘어요. 해녀는 보통 짧게는 4~5시간, 길게는 6~7시간 정도 물질을 하고 1년에 90일 정도 일한다고 해요. 그리고 안전을 기원하며 바다의 용왕 할머니에게 잠수굿을 지내요.

철새와 생물들의 쉼터, 한국의 갯벌

다양한 생물이 살아가는 쉼터예요

한국의 갯벌은 충청남도 서천 갯벌, 전라북도 고창 갯벌, 전라남도 신안 갯벌, 전라남도 보성·순천 갯벌 등 4개 갯벌을 말해요. 모두 습지 보호 지역으로 지정되어 있으며 이 중에서 신안 갯벌이 가장 넓어요. 한국의 갯벌은 다양한 생물이 살고 있으며 멸종 위기 철새가 머무는 곳으로서의 가치를 인정받아 유네스코 세계 자연유산으로 등재되었어요.

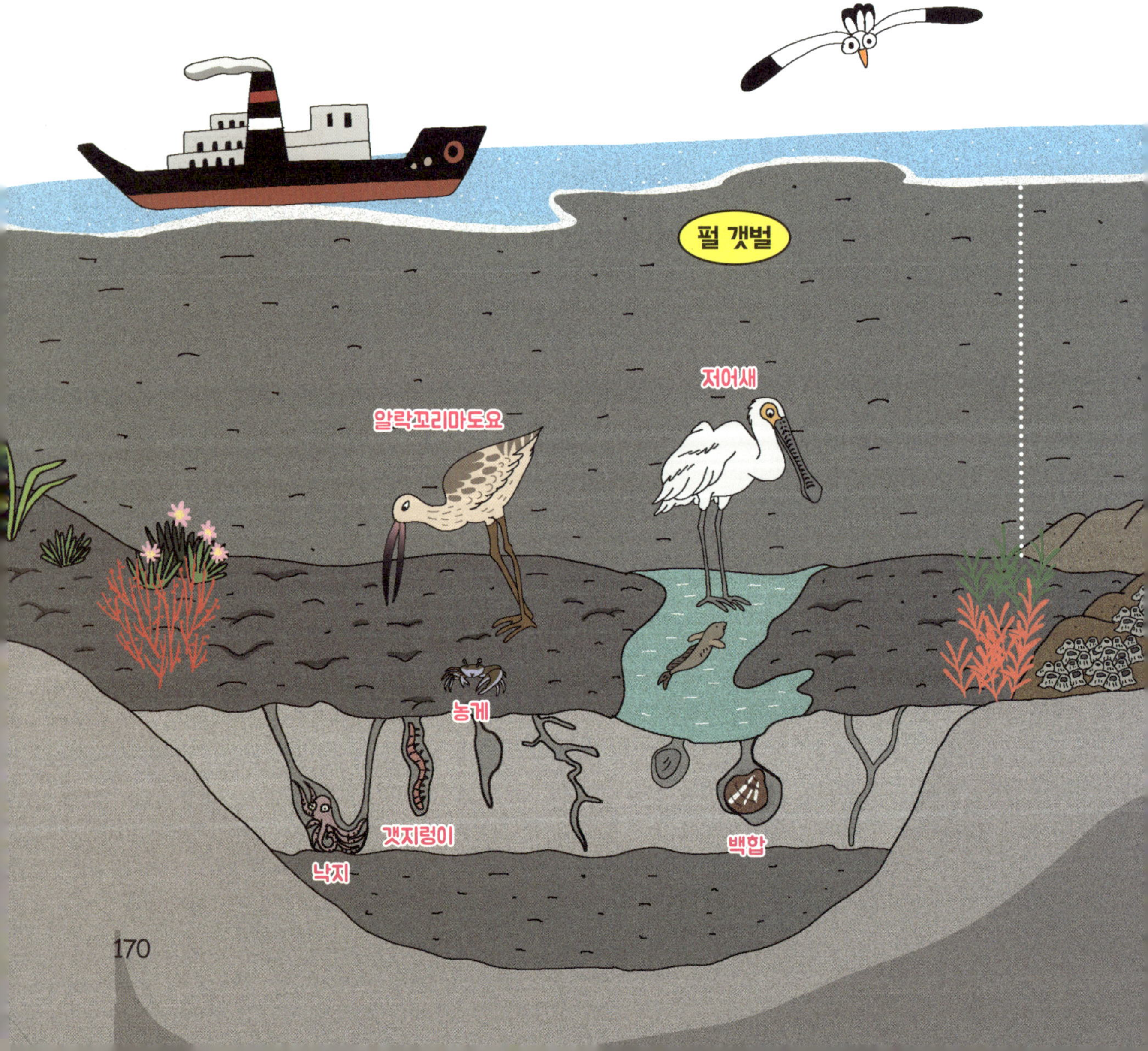

한국의 갯벌은 수백만 마리의 철새가 이동 중에 잠시 쉬어 가는 휴게소와 같은 곳이에요. 오스트레일리아나 뉴질랜드에서 러시아나 알래스카로 날아가는 철새가 쉴 수 있는 유일한 갯벌이지요. 철새들은 한국의 갯벌에서 먹고 쉬며 다시 날아오를 준비를 해요.

철새 중에는 넓적부리도요, 검은머리물떼새, 황새, 흑두루미 등 멸종 위기종이 20종이 넘어요. 또한 갯벌에는 작은 돌고래인 상괭이와 같은 희귀 동물과 희귀 생물 2,150여 종, 범게와 같은 고유종 47종도 살고 있어요.

멸종 위기 동물들이 살고 있어요

충청남도 서천군 일대의 서천 갯벌은 펄과 모래 갯벌이 조화를 이루고 있어요. 물고기를 비롯한 희귀한 바다 생물이 살고 있는 최상급 갯벌로 인정받고 있지요. 100종이 넘는 새가 살고 있으며 3대 철새 도래지 중 하나예요. 전라북도 고창군의 고창 갯벌은 육지에서 바다로 넓게 펼쳐지는 갯벌이에요. 다양한 식물들이 자라고 있으며 희귀한 흰물떼새가 살고 있는 곳이기도 해요.

전라남도 신안군의 신안 갯벌은 우리나라에서 가장 넓고, 가장 두꺼운 퇴적층을 이루고 있는 갯벌이에요. 갯벌 주변으로 다양한 생태지가 있어서 여러 생물들이 살고 있지요. 국제 보호종인 흑두루미와 멸종 위기의 철새와 텃새도 살고 있는 중요한 곳이에요.

전라남도 보성군과 순천시의 보성·순천 갯벌은 고운 퇴적물이 쌓여 있어요. 국제 보호종인 혹부리오리가 아시아에서 가장 많이 살고 있는 곳이지요.

우리 유산 놀이터

우리나라에는 세계 문화유산으로 등재된 고인돌 유적이 많아요. 아래 그림을 보고 고인돌 만드는 순서대로 번호를 적고, 고인돌을 만드는 과정을 적어 보세요.

우리 유산 놀이터 정답

▼38~39쪽

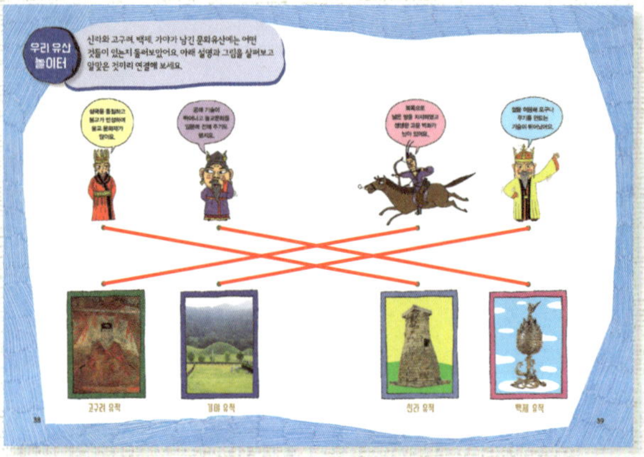

▼72~73쪽

▼114~115쪽

▼156~157쪽

1 첨성대 2 종묘 4 조선왕조실록 5 경복궁 7 수원 화성 10 훈민정음 11 동의보감 12 판소리 15 강강술래 18 아리랑 19 김치

▼174~175쪽

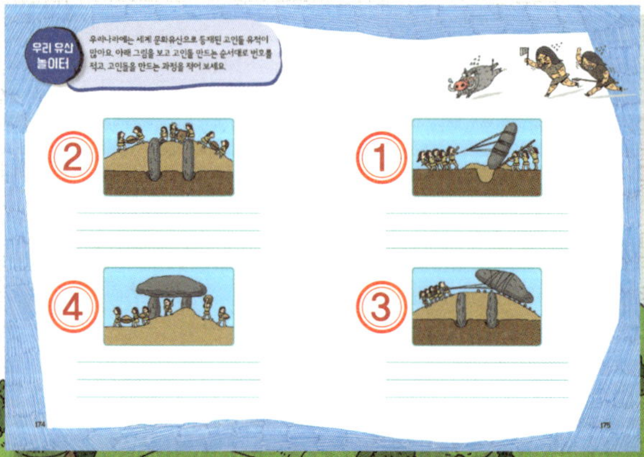